사단법인 KSLEA

한국스포츠레저교육협회

초등학교 전 학년 생존수영 교육 프로그램

수상안전
생존수영

Water Safety | Survival Swimming

유동균 · 김동욱 · 정수봉 공저

도서
출판 **오스틴북스**

저자 **유 동 균**

학력) 국민대학교 일반대학원 체육학과 이학박사
현) 명지대학교 경영대학원 스포츠경영학과 주임교수
사단법인 한국스포츠레저교육협회 회장
해양경찰교육원 기술평가위원 등
연구) 수상구조 NCS 학습모듈개발 대표집필자(교육부. 2018)
코로나19 현상에서 온라인 스포츠활동 참여자의 선택속성 차이분석(2020) 등 다수
수상구조사(시대고시. 2019) 외 25권의 저서 출판
자격) 전문스포츠지도사(수영, 보디빌딩, 근대5종, 철인3종),
생활스포츠지도사(수영, 보디빌딩), 동력수상레저기구 조종면허1급,
수상구조사, 인명구조강사, 응급처치강사, 스킨스쿠버 강사트레이너 등

저자 **김 동 욱**

학력) 경찰대학교 치안대학원 공공안전학과 석사과정
전) 해양경찰청 경위
연구) 해상에서 해양경찰 경비함정으로의 임의동행에 관한 법적 고찰(2020) 등
소형선박 조종사/ 해기사(크라운출판사. 2020) 저서 출판

저자 **정 수 봉**

학력) 국민대학교 일반대학원 체육학과 이학박사
현) 명지대학교 미래교육원 스포츠레저교육 객원교수
사단법인 한국스포츠학회 이사
연구) 선진국 생존수영 구성요인 분석을 통한 국내 생존수영 교육 프로그램 도입 방안(2018) 등 다수
스포츠지도사(에듀윌. 2021) 외 15권의 저서 출판
자격) 생활스포츠지도사(게이트볼, 보디빌딩, 축구, 배드민턴),
인명구조강사, 응급처치강사, 스킨스쿠버강사, 프리다이빙강사 등

※ 이 책은 사단법인 한국스포츠레저교육협회의 후원으로 제작된 서적입니다.

■ 도움주신 분들
감수: 안진옥(한국스포츠레저교육협회 부회장)
감수: 고영화(한국스포츠레저교육협회 감사)
모델: 최승국(명지대학교 박사과정)
모델: 정해성(명지대학교 석사과정)
모델: 이상헌(스킨스쿠버 강사)

수상안전 생존수영

개정판 발행 | 2022년 6월 18일
공 저 자 | 유동균·김동욱·정수봉
발 행 처 | 오스틴북스
등록일자 | 2010년 2월 26일
등록번호 | 제396-2010-000009호
주   소 | 경기도 고양시 일산동구 백석동 1351번지
전   화 | 070-4123-5716
팩   스 | 031-902-5716
정   가 | 19,000원
ISBN 979-11-88426-41-6

수상안전 생존수영 책을 소개하며

학장시절 수영선수로 활동하고, 수상안전과 수영을 수년간 연구한 학자로서 수상안전에 대한 책을 집필한다는 것은 숙명 같은 일이다. 인생의 대부분을 물에서 운동하고, 생활하고, 즐기며 물과 함께 살아온 저에게 수상안전에 대한 관심과 열정은 누구보다 더 높다고 생각하지만 공부하고, 연구할 때마다 부족함을 느낍니다.

해양레저스포츠를 주제로 박사학위를 영득하였으나 학자로서 아직 부족함을 느끼며, 초심으로 돌아가 수상안전에 대한 책 출간합니다. 이 책은 일반인들이 쉽게 수상안전과 생존수영을 이해하고 배울 수 있도록 내용을 단순화하고, 쉽게 이해하도록 구성하였습니다.

2020년부터 생존수영 교육을 초등학교 전 학년을 대상으로 시행한다는 교육부의 발표가 2018년 12월경 있었으나 아직도 정립되지 않은 대한민국의 생존수영 교육 프로그램과 연구가 걱정됩니다. 이에 선진국(일본, 영국, 호주)의 생존수영 프로그램을 연구하여 국내 초등학교 전 학생들에게 생존수영 교육 프로그램을 제공할 수 있는 연구자료를 학회지(한국스포츠학회. 2018)에 발표한 연구자로서 이 연구자료를 바탕으로 초등학생들에게 제공할 수 있는 수상안전과 생존수영 프로그램을 제시하려고 합니다.

책의 기획과 집필을 함께 하였으나 끝까지 저희와 연구를 마무리하지 못하고 먼저 하늘나라로 가신 故 김동욱 해양경찰청 경위를 추모하며, 살아생전 저희와 함께 연구하고자 했던 수상안전 과제들을 더욱 발전시킬 수 있도록 저자들은 다시 한번 다짐하며, 노력하겠습니다.

수상안전과 생존수영을 더 깊이 있게 연구할 것을 약속하며, 이 모든 영광을 故 김동욱 경위에게 돌립니다.

2022년 6월 18일
대표저자 유 동 균

출처 : 수영장 안전요원 직무 교재. 문화체육관광부. 2018

※ 본문에 앞서 수상안전담당자가 알아야 할 수영 시설과 안전 사항을 참고서로 제공합니다.
※ 이 내용은 수영장 안전요원 직무 교재(문화체육관광부. 2018) 주요 내용을 그대로 수록
하였습니다.

- 「수영장 안전」이란 무엇일까. 이 질문은 예상외로 막연한 질문이라고 할 수 있다. 수영 시설의 경영(관리)자의 입장에서는 "아무 일 없이 수영장 사업을 영위할 수 있는 것!"이러고 할 수도 있겠으나, 수영시설 안전관련 직무자는 "수영장 시설의 사용자가 부상 없이 수영장을 사용하게 하는 것!"이 안전 이라고 생각할 수도 있으며, 수영 시설 사용자는 "수영 활동 중 다치지 않는 것!"이라고 할 수 있다.

- 이와 같이 안전이라는 용어에서 사람들의 입장에 생각하는 바는 관점에 따라 다양할 수 있다. 그러나 사람에 따라 수영장에서의 안전의 의미가 달라진다면 적절한 안전관리는 곤란하게 된다. 바로 패러다임의 전환이 요구되어지는 시점이다. 수영장 경영(관리)자의 사업 영위에 반하는 위험성을, 수영장 근로자의 근무 중 위험성을, 수영장 사용자의 즐거운 시간을 망칠 수 있는 위험성을 아우를 수 있는 안전관리로 진화되어야 한다.

- 수영을 비롯한 체육 활동은 일반적인 생활보다 항상 더 많은 위험성을 내포하고 있다. 이러한 체육 활동에서의 위험성이 무엇일까? 종목별, 운영 형태별, 대상 별 등 그 위험성을 나열한다면 그 방대하고 다양한 위험성에 아마도 모두 포기할 것이다. 이제는 수영장의 안전직무자는 단순한 구조나 응급처치 기술이 아닌 안전이라는 의식 무장과 선제적 안전관리라는 수단을 활용하는 스마트한 안전 활동을 수행해야 하는 전문인인 것이다.

1. 수영장 안전직무자

(1) 수영장 안전직무자란?

• 국내에서 수영장 안전 직무를 수행해야하는 자를 거론해 본다면 대표적으로는 수상안전요원과 수영지도자로 나누어 볼 수 있으나, 역시 수영장 안전의 실무 주체는 " 수상안전요원"이다. "수영지도자"는 야외형 수영시설 보다는 실내형 수영시설, 자유이용 및 놀이형 운영 보다는 강습형 운영 형태가 많은 국내 수영 시설의 특성에 따라 수영 강습 규모가 크고 전문화되어 있어 강습 운영 중 수영활동자를 직접적으로 관리하고 있는 직무자로써 강습 중 안전에 대한 관리감독의무가 부과되어져 있다.

• 이러한 국내수영장에서는 수영강습운영 중에 수상안전요원을 배치하지 않아도 된다는 관행으로 오래 이어졌으며 이것은 〈표 1〉에서 명시되어진 바와 같이 「체육시설의 설치 및 이용에 관한 법률 시행 규칙」 제23조(안전위생기준)을 위반함과 동시에 사고 예방 및 대응에 위험성이 다분한 운영형태라고 할 수 있다.

표 1-1 : 체육시설의 설치 및 이용에 관한 법률 시행규칙 제23조(안전위생기준)

[별표 6] 〈개정 2016.3.22.〉

안전. 위생 기준(제23조 관련)

2. 체육시설업의 종류별 기준

바. 종합 체육시설업

종합 체육시설업을 구성하고 있는 해당 체육시설의 안전.위생기준에 따른다.

사. 수영장업

(8) 수영조 안에 미끄럼틀을 설치하는 경우 관리요원을 배치하여 그 이용 상태를 항상 점검하게 하여야 한다.

(9) 감시탑에는 **수상안전요원**(대한적십자사, 법 제34조에 따른 수영장 협회 또는 「수상레저안전법 시행령」 제37조 제1항에 따라 국민안전처장관이 지정하는 교육기관에서 수상 안전에 관한 교육을 마친 후 수상 안전에 관한 자격증을 취득한 사람을 말한다)을 2명 이상 배치하여야 한다.

– 출처: 수영장 안전요원 직무 교재. 문화체육관광부. 2018.

(2) 수영장 안전관리 조직

• 수영장 운영 또는 수영장 활동 중 안전관리를 위해서는 명확한 안전관리체계를 구축할 필요가 있다. 일반적으로 수영장 수상안전에서의 안전관리 조직체계는는 수영장 경영(관리)자, 수영장 실무 관리자, 수영장 지도자 또는 안전요원으로 이루어져 있다.

표 1-2 : 수영장의 안전 운영 조직도

• 수영장 경영(관리)자는 체육시설의 설치 및 이용에 관한 법률과 관련 법령을 검토하고 안전·위생 기준을 수립하고 안전관리 및 위기관리매뉴얼을 작성하여 교육을 실시할 수 있어야 한다.

수영장 실무담당자는 평상 시 체육시설 안전관리매뉴얼에 따라 안전요원의 배치 및 안전 장비와 응급 장비의 구비 및 점검 등을 실시하여야 하며 위기 상황 시에는 위기관리매뉴얼에 따라 수상안전요원 또는 수영지도자가 신속하게 대응하도록 해야 한다. 수상안전요원 교육을 해당 체육시설 안전관리매뉴얼에 따라 담당 구역의 감시 탑 근무 및 순찰, 장비의 사용가능여부 파악, 기본적인 시설안전점검 등을 실시하며 위기 상황 시에는 배치되어진 장비의 위기관리매뉴얼에 따라 구조 및 응급 활동을 실시하고 관련 전문응급구조기관에 연락과 보고 업무 등을 진행하여 한다.

• 물론 이러한 명칭과 안전관리 및 위기대응 업무는 수영장의 운영 상황에 따라 변경되어야 하겠지만 기본적인 안전관리 체계의 명확한 설정이 필요하다. 특히 국내 수영장의 대부분이 강습 위주의 운영이라는 특성상 수영지도자의 업무 비중이 강화되어 있어 수상안전요원의 업무영역은 임시직(아르바이트)등을 고용하는 등 인력의 전문화가 시급한 실정이다.

• 그러나 실질적인 안전관리의 주체가 수상안전요원 이며, 이것은 자유 이용과 강습 상황의 모든 안전을 포괄한다는 의미가 있음을 유념하여 수상안전요원의 고용 및 업무 지위에 고려함이 반드시 필요하며 이미 놀이형 수영 시설인 유원시설(워터 파크 등)은 체제가 이루어졌으며, 강습 위주의 공공체육시설 등이 주도가 되어 수상안전요원의 전문화가 시작되어질 전망이다.〈표 1-2 〉는 기본적인 수영장 내부 및 외부의 안전 조직 구성을 표현하고 있다.

(1) 수영장 시설

• 체육시설의 설치 및 이용에 관한 법률을 근거로 하여 수영장은 체육시설로서 공공체육시설, 생활체육시설, 직장체육시설 그리고 영리시설로서 신고의무가 주어지는 체육시설업으로서 존재한다. 〈표 1-5〉는 전문체육시설의 법령 내용을 세부적으로 표시한 도표이다.

표 1-5 : 전문체육시설의 설치기준

전문체육시설의 설치기준(제2조 관련)

1. 특별시 · 광역시 · 도 및 특별자치도

시설 종류	설 치 기 준
수영장	대한수영연맹의 시설관계공인규정에 따른 1급 공인수영장

2. 시·군

시설 종류	구 분		설 치 기 준		
			① 혼합형	② 소도시형	③ 중도시형
	적용기준		군지역 또는 인구 10만명 미만인 시	인구 10 ~ 15만 명인 시	인구15만명이상인시
수영장	경기장 규격		3급 공인	3급 공인	2급 공인
	수영조규격	길이	50m 또는 25m	50m 또는 25m	50m
		폭	21 ~ 25m	21 ~ 25m	21 ~ 25m
		레인수	8 ~ 10레인	8 ~ 10레인	8 ~ 10레인
	관중석 수		-	-	300석

※ 비 고 : 위 설치 기준은 해당 시·군의 인구·지형·교통 등 지역 여건을 고려하여 조정할 수 있음.

표 1-6〉은 생활체육시설의 법령 내용을 세부적으로 표시한 도표이다.

표 1-6 : 생활체육시설의 설치기준

생활체육시설의 설치기준(제3조 관련)

1. 특별자치도 · 시 · 군 · 구

　　체육관, 수영장, 볼링장, 체력단련장, 테니스장, 에어로빅장, 탁구장, 골프연습장, 게이트볼장 등의 실내·외 체육시설 중 지역 주민의 선호도와 입지 여건 등을 고려하여 설치

표 1-7〉은 직장체육시설의 법령 내용을 세부적으로 표시한 도표이다.

표 1-7 직장체육시설의 설치기준

직장체육시설의 설치기준(제4조제3항 관련)

구 분	설 치 기 준
직원이 500명 이상인 직장	영 별표 1의 체육시설의 종류 중 두 종류 이상의 체육시설

표 1-7 체육시설업의 설치기준

체육시설업의 시설기준(제8조 관련)

2. 체육시설업의 종류별 기준

자. 수영장업

구 분	시 설 기 준
1) 필수시설 ① 운동시설	○ 물의 깊이는 0.9미터 이상 2.7미터 이하로 하고, 수영조의 벽면에 일정한 거리 및 수심 표시를 하여야 한다. 다만, 어린이용·경기용 등의 수영조에 대하여는 이 기준에 따르지 아니할 수 있다. ○ 수영조와 수영조 주변 통로 등의 바닥면은 미끄러지지 아니하는 자재를 사용하여야 한다. ○ 도약대를 설치한 경우에는 도약대 돌출부의 하단 부분으로부터 3미터 이내의 수영조의 수심은 2.5미터 이상으로 하여야 한다. ○ 도약대는 사용 시 미끄러지지 아니하도록 하여야 한다. ○ 도약대로부터 천장까지의 간격이 스프링보드 도약대와 높이 7.5미터 이상의 플랫폼 도약대인 경우에는 5미터 이상, 높이 7.5미터 이하의 플랫폼 도약대인 경우에는 3.4미터 이상이어야 한다. ○ 물의 정화설비는 순환여과방식으로 하여야 한다. ○ 물이 들어오는 관과 나가는 관의 배관설비는 물이 계속하여 순환되도록 하여야 한다. ○ 수영조 주변 통로의 폭은 1.2미터 이상(핸드레일을 설치하는 경우에는 1.2미터 미만으로 할 수 있다)으로 하고, 수영조로부터 외부로 경사지도록 하거나 그 밖의 방법을 마련하여 오수 등이 수영조로 새어 들 수 없도록 하여야 한다.
② 안전시설	○ 이용자의 안전을 위하여 수영조 전체를 조망할 수 있는 감시탑을 설치하여야 한다. 다만, 호텔 등 일정 범위의 이용자에게만 제공되는 수영장은 감시탑을 설치하지 아니할 수 있다.
2) 임의시설 편의시설	○ 물 미끄럼대, 유아 및 어린이용 수영조를 설치할 수 있다.

• 실제 현장에서는 체육시설의 설치 및 이용에 관한 법률을 적용하기 위한 "체육시설업"으로 신고되어진 수영시설은 문화체육부에서 발간되어진 〈표 1-8〉의 도표「2017년 전국 등록·신고 체육시설업 현황」을 참조해보면 수영장은 약900여개로 그중 에서도 연중 운영되는 수영 시설은 약 780여개 정도에 불과하며, 150여개는 여름철에 약 2~3개월 운영되어지는 야외수영장이다.

표 1-8 : 2017 종합체육시설업 및 수영장업 신고 현황 (개소)

	수영장	종합체육시설	계
실내	508	275	936
야외	153		
계	661	275	

(2) 기타 수영 시설과 문제점

• 신고 체육시설로서의 수영장을 제외하고도 「체육시설업」으로 분류되지 않는 수영 시설, 물놀이 시설에 대한 총체적인 파악이 안 되어져 있다. 학교수영시설, 유원시설, 물놀이시설, 워터-파크, 지역사회복지관내의 수영 시설, 청소년수련관내의 수영 시설, 청소년수련원내의 수영 시설, 여성복지시설내의 수영 시설, 노인 복지시설 내의 수영시설, 노인 요양시설 내의 수영시설, 계절별 지방자치단체 별 계절 대민서비스를 차원의 임시 물놀이 장 등 실제 수효 파악조차도 안 되고 있는 실정이다.

• 이러한 상황은 대부분 사업 주체 기관. 시설의 개설 및 사업 목적 등에 따라 발생하고 있으며, 이 시설들 역시도 수영장이라는 특성과 국민의 생명을 담보로 실시되는 사업 특성을 고려함에 있어 이러한 안전 관리의 틈새는 안전 관리 부실이 이어지는 빌미를 제공하고 있고, 실제로 대부분의 수영장 사고는 체육시설업이 아닌 이러한 수영 시설에서 발생하는 것으로 나타나고 있다.

(3) 형태로 본 수영 시설

• 50m 수영장 : 국내에 존재하는 50m 수영시설은 공공체육시설로서 건립되어졌으나 시설 운영의 효율성을 꾀하여 평상시에는 생활체육시설로의 역할을 수행하며 일정시기마다 경기장으로써 복합적인 역할을 하고 있다. 이에 체육시설업으로 등록되어져 운영되기도 한다.

• 25m 수영장 : 생활체육시설 또는 영리적인 체육 시설업을 운영할 목적으로 건립되어진 시설로서 주로 수영 강습 프로그램을 위주로 하여 운영되어지는 시설이다.

• 어린이 수영장 : 최근 들어 수년 전부터 어린이만의 전문 수영강습을 위한 어린이전용 수영 시설로 시작하여 전국에 약 200여개 정도가 설치 운영되어지고 있는 것으로 추산된다. 어린이 수영 시설은 운영 형태 자체가 수영교육만을 하는 곳이 대부분으로서 체육시설업 외에도 교육서비스업종인 체육학원업으로 등록하여 운영되어지는 형태도 있다.

• 기타 수영 시설 : 앞서 서술한 바와 같이 공공체육시설, 생활체육시설, 직장체육시설, 체육시설업을 제외한 수영 시설은 50m, 25m형태 외에도 평준화되어진 규격이 없으며, 특히 유원 시설과 워터파크, 물놀이장 등은 유수풀, 슬라이더, 인공 파도-풀, 온욕 시설 등 용도에 따른 그 형태가 매우 다양하며, 인공 시설과 자연환경과의 조합을 통한 시설도 만들어 지고 있다.

(4) 수영장 주요 시설에 대한 이해

• 수영 시설의 기본적인 주요 구성 형태는 수영조 주변 통로, 오버-플로어 배수로(수영조 밖 배수로), 수영조, 핸드레일, 급수구 및 배수구(수영조 내 배수구)로 이루어진다. 〈표 1-9〉는 수영장시설의 세부적인 구성을 표기하고 있다.

표 1-9 : 수영 시설의 세부 구성

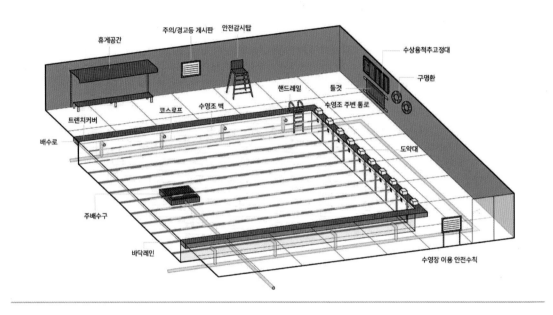

• 또한 수영조 내외에는 수영 활동을 위하여 안전감시탑, 도약대, 코스 로프, 배영-턴 지주대와 경로 라인, 수심조절판 등으로 이루어진다. 〈표 1-10〉은 수영장 설치물의 세부적인 구성을 표기하고 있다.

표 1-10 : 수영시설의설치물 구성 및 명칭

안전감시탑	교보재 정리장	코스로프
수심조절판	배영턴 비주대	도약대

• 수영조의 재질은 설치 장소나 목적에 따라 철근콘크리트, 스테인레스, 알루미늄, 강화섬유프라스틱 등의 소재를 활용하며 임시적인 욕조를 구성할 때는 PVC 원단이 활용되기도 한다.

• 수영조와 수영조 주변 통로 바닥의 재질은 논 슬립 타일 또는 논 슬립 처리로 가공되었으나 추가적인 논 슬립 시공도 부분적으로 가능하다. 수영 영조 주변 통로는 1.2미터 이상이 확보되어져야 하는 것이 법 규제 사항이다.

• 핸드레일은 수영조에 입수 및 퇴수할 때 사용하는 계단으로 수영조 내 벽에서 돌출되어지는 형태와 삽입되어 설치되어진다.

• 수영조 주변 통로 배수로(일명 "트랜치 커버")는 대부분의 수영장이 시공하는 오버플로어 형태의 수영조에 설치되어지는 것으로서 배수로와 배수로 덮개인 트렌치 커버로 구성되어져 있다.

• 욕조 내 배수구는 주로 욕조 벽면과 욕조에서 가장 낮은 부분에 설치한다. 욕조 벽면의 배수구는 수동식 크리너 작업 시 활용하기도 하며 반드시 사용 후에는 뚜껑을 잠가야 한다.

• 코스로프는 수영 활동 중 발생하는 물결 파장을 방지시켜 많은 사람들이 수영 활동을 할 때 초급자에게는 안전한 유영이 가능하도록 해주며 인원 통제 및 관리를 할 수 있도록 한다.

• 도약대는 다이빙을 위한 설치물로 도약대 돌출부 하단부분으로부터 3미터 이내의 수영조의 수심이 2.5미터 이상이 되어야만 설치되는 법규적 설비물들이다.

• 안전감시탑은 일반적으로 1.5미터 이상 높이의 설치물로써 수상안전요원의 폭넓은 수영장 안전 탐색을 위하여 반드시 설치되어야 하는 시설물이다.

• 수심조절용 깔판은 시공되어진 욕조의 수심이 사용 목적에 부담스럽거나 수영 활동 대상이 수영 능력에 비하여 수심이 깊을 때 안전성을 확보하고자 설치하는 것으로 바닥에 고정적으로 시공하는 방법과 평상 형태로 제작하여 사용 시기에 맞게 활용하는 방법이 있다.

따라서 국내의 대부분 수영장에서는 경기 중 또는 철저한 관리를 기반으로 하는 숙련 된 강사에 의한 수영 교육중외에는 일반적인 자유이용 수영 활동자에게 허용하는 것은 어렵다.

• 안전감시탑은 일반적으로 1.5미터 이상 높이의 설치물로서 수상안전요원의 폭넓은 수영장 안전 탐색을 위하여 반드시 설치되어야 하는 시설물이다.

• 수심 조절용 깔판은 시공되어진 욕조의 수심이 사용 목적에 부담스럽거나 수영 활동 대상이 수영 능력에 비하여 수심이 깊을 때 안전성을 확보하고자 설치하는 것으로 바닥에 고정적으로 시공하는 방법과 평상 형태로 제작하여 사용 시기에 맞게 활용하는 방법이 있다. 그러나 설치물의 잘못되어진 고정으로 사고를 유발한 사례가 있으므로 각별하게 주의 하여야 한다.

• 배영-턴 표시 지주는 누워서 수영하는 활동자의 수영조 벽면의 충돌 가능성을 예고하여 방지하는 표시 설치물이다.

(5) 수영장 수질에 대한 이해

• 수영조의 내의 물의 순환은 기본적으로 수온 조절 및 수질관리에 목적이 있다. 수영조의 오버-플로어 방식에 의하여 넘친 물이 트랜치 배수구를 통하여 흐른 물은 응집, 여과, 소독 단계를 거쳐 다시 수영조로 분출되어진다. 물의 유입은 수영조 바닥의 주 배수구 또는 수영조 벽 배수구로 유입하여 수영조 벽면에서 배출하거나 수영조 내 벽면에 서 유입하여 수영조내 벽면에서 분출하는 방식 등 다양한 방식이 있다. 〈표 1-11〉과 〈표 1-12〉는 수영장 욕수의 순환을 보여주는 그림이다.

표 1-11 : 수영장 순환 및 수처리절차

표 1-12 : 수영장 순환 및 수처리절차

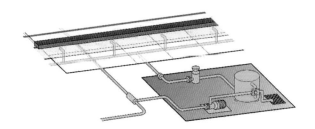

• 국내 수영장의 수질은 음용수 관리기준에 준하여 수영장의 조의 내의 물의 순환은 기본적으로 수온 조절 및 수질관리에 목적이 있다. 〈표 1-13〉은 체육시설의 살치 및 운영에 관한 법률 재23조(안전·위생)에 명시한 수영장 수질에 관련한 기준을 표시한 것이다.

표 1-13: 수영장 수질관련 법규

안전·위생 기준(제23조 관련)

사. 수영장업

(4) 수영조의 욕수(浴水)는 1일 3회 이상 여과기를 통과하도록 하여야 한다.

(5) 욕수의 조절, 침전물의 유무 및 사고의 유무를 확인하기 위하여 1시간마다 수영조 안의 수영자를 밖으로 나오도록 하고, 수영조를 점검하여야 한다.
    다만, 일정 범위의 이용자에게만 제공되는 호텔 수영장 등의 경우에는 수영조의 점검 시간을 체육시설업자가 별도로 정할 수 있다.

(6) 수영조의 욕수는 다음의 수질기준을 유지하여야 하며, 욕수의 수질검사방법은 「먹는 물 수질기준 및 검사 등에 관한 규칙」에 따른 수질검사방법에 따른다.(해수를 이용하는 수영장의 욕수 수질기준은 「환경정책기본법 시행령」 제2조 및 별표 1 제3호라목의 II등급 기준을 적용한다)

㉮ 유리잔류염소는 0.4mg/l부터 1.0mg/l까지의 범위 내 이어야 한다.

㉯ 수소이온농도는 5.8부터 8.6까지 되도록 하여야 한다.

㉰ 탁도는 1.5 NTU 이하이어야 한다.

㉱ 과망간산칼륨의 소비량은 12mg/l 이하로 하여야 한다.

㉲ 대장균군은 10밀리리터들이 시험대상 욕수 5개 중 양성이 2개 이하이어야 한다.

㉳ 비소는 0.05mg/l 이하이고, 수은은 0.007mg/l 이하이며, 알루미늄은 0.5mg/l 이하이어야 한다.

(7) 수영조 주위의 적당한 곳에 수영장의 정원, 욕수의 순환 횟수, 잔류염소량, 수소이온농도 및 수영자의 준수사항을 게시하여야 한다.

(6) 수영장의 수온

• 수중에서 춥지 않고 적당하다고 느끼는 온도를 「중립 수온」 또는 「불감온도」라고 한다.

대부분의 국내 수영장은 일반적으로 28~29℃를 전후로 유지하고 있다. 선수는 25~27℃를 영·유아는 30~33℃ 정도를 선호한다. 영·유아는 특히 환경적 요인에 대한 저항력이 많아 일반인들과의 욕조에서 물놀이 활동 함은 무리가 있다고 할 수 있다.

• 또한 풀의 수온이 낮은 경우와 수온과 실온(기온)의 차이가 크고 특히 수온보다 수영장내 실내온도가 현저히 낮은 경우 등은 체온의 손실이 급격하게 발생하여 저체온증을 초래할 수 있으므로 추위가 심하게 느껴지면 때때로 휴식시간을 확보하고 피부의 물방울을 수건 등으로 제거하거나 적당한 시간(약50분)마다 온수 샤워, 사우나 등을 통하여 체온을 보전한다. 이때 갑작스런 열탕을 활용하는 것은 심장에 무리를 줄 수 있으므로 주의하여야 한다.

– 출처: 수영장 안전요원 직무 교재. 문화체육관광부. 2018.

2. 수영장에서의 주요 유해·위험 요인

(1) 수영장 시설 및 설치물의 유해·위험 요인에 따른 사고 가능성과 예방대책 사례

• 수영장 시설 및 설치물의 유해위험요인에 따른 사고 가능성과 예방 관리 사례는 표 2-5와 같다.

표 2-5 **수영장 시설 및 설치물 유해·위험요인에 따른 사고가능성과 예방대책 사례**

(KOSHA GUIDE 수영장 2015) 참조

구분		유해·위험 요인	대책
수영장 내 통행 중	수영장 시설 이용을 위한 횡단 및 대기	수영장 시설을 이용하기 위해 수심 깊은 곳을 가로지르거나 수심 깊은 지점 옆에 줄을 서게 되는 경우	° 대기 줄이 생기지 않도록 운영 방식을 조절한다 ° 적절한 통행 경로를 취할 수 있도록 안내용 시설물을 설치하거나 수심이 깊은 지점 주변에 난간의 설치를 요청 한다.
	풀 주변 좁은 통로	풀 주변의 폭 2 m 이하의 좁은 통로가 혼잡과 불편을 초래하는 경우	° 혼잡을 완화할 수 있는 관리상의 방법을 강구한다. ° 통로에 설치된 손잡이 등의 돌출 물이 있는 경우, 돌출되지 않거나 또는 탈 부착이 가능한 형태로 교체를 요청한다.
	위험한 지점 인근의 경사로	바닥 차가 있는 두 지점을 연결하는 경사로가 수심이 깊은 지점, 수면과 바닥과의 차이가 큰 지점, 또는 인공 파도 유입구 인근과 같이 위험한 지점에 면해 있는 경우	° 위험 표지를 부착한다. ° 경사로의 시작과 끝부분의 식별이 용이하도록 한다. ° 경사로의 양 옆에 난간을 설치한다. 경사로가 풀에 접해 있는 경우, 측판이나 중간 난간대를 설치를 요청한다. ° 경사로의 경사가 1:15 보다 급하며 미끄럼 저항이 적절하지 않을 경우, 경사로의 바닥에 추가적으로 바닥 깔개를 설치한다. 바닥 깔개의 선정은 배수, 미끄럼 저항, 청소 용이성 등을 고려해야한다.
	돌출된 기둥이나 시설물	단독으로 돌출된 기둥이나 시설물이 통행을 방해하거나 충돌의 위험성이 있는 경우	° 기둥이나 시설물에 눈에 잘 띄는 표시를 하거나 충격을 흡수할 수 있는 재료를 덧씌우거나 기둥의 각진 모서리는 둥글게 하거나 그 각도를 무디게 설치 할 것을 요청한다.
	수영장 내 접근이 힘든 지점	수면과 풀 가장자리의 높이 차가 큰 지점, 난간이나 조경 시설에 막혀 접근이 힘든 지점에 의해 응급 시 접근에 어려움을 겪을 가능성이 높은 경우	° 수영장 내 직무자에게 응급환자의 가장 적절한 이동 경로를 알려준다 ° 수영장 안내도에 접근이 어려운 지점을 표시하고 응급 시 이동할 경로를 계획하고 표시한다.
수영장 바닥 및 벽	미끄러운 바닥	바닥의 표면이 미끄러워 넘어짐을 유발할 수 있는 경우	° 임시 조치로 경고 표지 설치 또는 미끄럽지 않고 배수가 잘되는 바닥 깔개를 설치한다. ° 바닥의 일부가 심하게 닳아 노후화 되었거나 부분적으로만 수리된 경우, 전체를 미끄러짐 방지 바닥으로 교체하거나, 한 장소의 바닥이 서로 다른 재료로 마감된 경우, 한 가지 재료로 통일할 것을 요청한다.

	구분	유해·위험 요인	대책
수영조 주변 통로 바닥 및 벽	바닥의 날카로운 부위	평탄하지 못한 타일 마감, 노출된 배수구, 손상된 신축 이음 등으로 인한 날카로운 부위가 형성되거나 돌출되는 경우	◦ 임시 조치로 노출된 배수구의 모서리는 덮개를 이용하여 주변 바닥과 평탄 하도록 조치하거나 문제 부위의 통행을 제한한다. ◦ 모든 신축 이음은 주변 마감재와 평탄 하도록 조치 되어야 하며, 이음매의 충진 재료가 제 위치에 있도록 보수를 요청
	바닥 높이의 급격한 변화	계단, 발씻기 장치, 풀 주변의 샤워기 등 기타의 시설에 의해 바닥 높이에 급격한 변화가 있는 경우	◦ 바닥 차가 있는 장소에는 위험 표지와 함께 높이 변화가 있는 바닥 부위에 식별이 매우 잘되는 표시를 하거나 눈에 잘 띄는 바닥 타일을 시공을 요청한다. ◦ 계단 코(계단 디딤판의 끝부분)에 미끄러짐 방지장치를 설치하고 식별이 용이한 색으로 처리를 요청한다. ◦ 계단의 발판은 미끄러짐 방지 처리를 요청한다. ◦ 계단의 양 옆에 난간을 설치를 요청한다. ◦ 바닥 차가 있는 장소에 조명을 밝게 해 쉽게 인지할 수 있도록 한다. ◦ 바닥에 설치한 발 씻기 장치를 제거 또는 안전한 장소로 이설하고 그 자리는 메우거나 덮어 기존 바닥과 동일한 높이로 만든다. ◦ 수영조 주변의 샤워기를 제거 또는 안전한 장소로 이설하고 그 자리는 기존 바닥과 동일한 높이로 만든다.
	표면이 거친 벽	물기가 있는 장소에서 바닥 으로부터 높이 2 m까지의 벽 표면이 거친 경우	◦ 가능하면 표면이 거친 벽 위에 평평하고 매끈한 벽을 덧대어 세우거나 표면이 거친 벽 앞에 난간 설치를 요청한다,
	모서리	벽에 날카로운 모서리나 가장자리가 돌출된 경우 또는 돌출 물이 있는 경우	◦ 날카로운 모서리를 둥근 모서리용 타일이나 벽돌로 교체하거나 모서리를 바닥으로부터 2 m 높이까지 부드럽고 둥근 소재로 감쌀 것을 요청한다.
	벽에 돌출된 소화전	소화전 함이 벽면 위로 돌출된 경우	◦ 통행에 위험을 유발하지 않는 곳으로 이설 또는 매립형으로 교체를 요청한다.
	벽 하부의 전기콘센트	물기가 있는 장소에서 벽하부에 위치해 감전을 유발할 수 있는 콘센트가 있는 경우	◦ 콘센트의 위치를 신체가 쉽게 닿을 수 없는 곳으로 옮기거나 방수 콘센트로 교체를 요청한다. 불가 시 절전한다.
	배수로	배수로 트랜치커버 벌어짐 배수로 트랜치커버 파손	트렌치 커버를 추가하여 간격을 조절하며, 특히 "ㄱ"자 모서리는 받침 판을 이용해 보완한다.
수영조 내부	수영조 내부의 미끄러운 바닥	풀 내부의 바닥이 미끄러운 경우, 특히 놀이용 풀에서 수심이 점차 얕아지는 부위의 바닥이 미끄러운 경우	◦ 임시로 경고 표지를 설치한다. ◦ 풀 내부 바닥의 기울기와 미끄럼 저항을 파악해 전문가와 상의하여 해결방안을 강구할 것을 요청한다. 이때 그동안 발생했던 미끄러짐 관련 사고 내력을 참조한다.

구분		유해·위험 요인	대책
수영조 내부	수영조 내부 바닥의 기울기	수심이 1.5 m 이하 지점에서 풀 내부 바닥의 기울기가 1:10 보다 가파른 경우	◦ 경고 표지를 부착한다. ◦ 가파른 부분의 바닥을 식별이 용이한 색으로 표시랄것을 요청한다.
	수영조 내부 바닥의 격자 배수판 창살	바닥의 격자 창살에 신체의 일부가 낄 위험이 있는 경우	살 간격이 8 mm를 넘지 않는 격자 창살로 교체 요청
	수영조 내부의 파손된 타일	깨지거나 금이 간 타일 또는 떨어져 나간 타일이 있는 경우. 특히, 신축 이음 주변 부위의 바닥 타일이 파손된 경우	◦ 문제가 되는 부위의 방수모르타르를 다시 채운다. ◦ 금이 갔거나 깨어진 타일을 모두 교체 요청 ◦ 구조적인 결함이 문제가 된 경우, 전문가와 상의하여 해결방안을 강구 요청
	수영조 내부 의계단	수영조 내부로 돌출된 계단에 충돌할 위험이 있는 경우	◦ 돌출 부위가 적은 진 출입 수단으로 교체 요청
	수영조 양 끝의 바닥	수영조 양 끝의 바닥이 수면보다 높게 되어 있어 다이빙을 할 경우, 부상이 위험이 있는 경우	◦ 인접한 지점의 수심이 1.5 m 이하인 경우, "다이빙금지" 표지를 부착한다. ◦ 이동 가능한 울타리를 설치한다.
	고정식 도약대	도약대가 고정식으로 되어있어, 훈련 안 된 초보자가 이용하거나 충돌 또는 전도의 위험성이 있는 경우	◦ 탈착 가능한 도약대로 교체한다. ◦ 허가를 받지 않는 사람의 사용 금지를 알리는 표식을 한다. ◦ "다이빙 금지" 표지를 부착한다. ◦ 도약대 돌출부 하단부분으로부터 3미터 이내의 수영조의 수심이 2,5미터 이상이 되어야만 설치되는 설치물이다.
	수면과 수영조 가장자리의 높이차	◦ 수면과 수영조 가장자리의 높이 차가 38 ㎝를 넘는 경우 (특히 파도풀의 경우). ◦ 수심이 깊은 지점에서 수영조의 가장자리로 빠져 나오기 힘듦 ◦ 수면으로부터 높은 위치에서 물로 뛰어들거나 다이빙할 경우, 풀의 바닥에 충돌할 수 있음	◦ 수면에 인접한 벽면에 돌출되지 않는 방식으로 손잡이를 설치한다. ◦ 입수를 금지하기 위해 풀의 가장자리에 울타리를 설치한다. ◦ "다이빙 금지" 표지를 부착한다.
	수위조절판	◦ 수위조절판의 깨짐 ◦ 수위조절판과의 틈새	◦ 해당 수위 조절판 부위 "입수 금지" 임시 표지를 설치한다. ◦ 수위 조절판 고정 볼트 조임 및 교체 요청
	코스로프	코스로프 파손 지주 연결 금구 나사 파손	◦ 교체 요청 ◦ 임시 보호대 설치(고무호스를 잘라 대용)

• 수영장 시설 각종 주의 및 금지 게시판의 설치 예 는 표 2-6과 같다.

표 2-6 주의 및 금지 게시의 사례

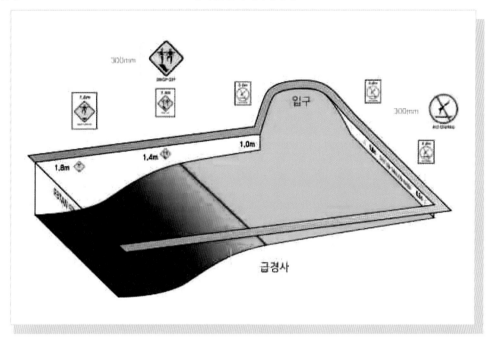

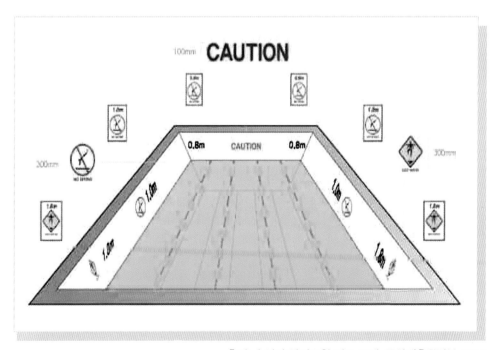

– 출처: 수영장 안전요원 직무 교재. 문화체육관광부. 2018

(2) 수영장 안전 운영(관리)체계의 유해· 위험 요인에 의한 사고 가능성과 예방 대책 사례

• 수영장 안전 운영(관리)체계의 유해·위험요인에 따른 사고 가능성과 예방 대책 사례는 표 2-7과 같다.

표 2-7   **수영장 시설 및 설치물 유해·위험요인에 따른 사고가능성과 예방대책**

구분		유해·위험 요인	대책
경영 (관리) 자	수영장 시설 이용 통제	통제되지 않는 시간 에 무단 입 장	◦ 정기적으로 무작위 key 점검 ◦ 성인에게만 키를 제공하며 매 2 년마다 키 변경. ◦ '회원'시설임을 재차 강조하기 위해 간판을 설치 ◦ 사용신청 시 동의서에 명확하게 포함 된 규칙
	기계 및 기관실 통제	입 ·출입구의 개방으로 인하여 위험한 화학물질 , 기계, 전기 등에 접근	◦ 출입구에 위험 게시판을 설치 하고 입·출입구 잠금 장치를 설치하여 관련 직원만 접근하도록 강구하게 한다.
	응급실의 이용	응급 처치 시설을 이용할 수 없으면 응급 처치 시간을 늦추거나 응급 처치 수준을 제한 할 수 있다.	◦ 모든 장비는 수영장 사용자가 접근 할 수 있게하고 ◦ 심폐 소생술 흐름 차트 및 긴급 연락처 번호 표시 관리 ◦ 응급 처치 실이 명확하게 식별되어지게 하며, ◦ 응급 치료 사건은 기록 / 기록됩니다. ◦ 응급 처치 용품은 정기적으로 점검 / 보충됩니다.
	수심	깊이 표시 시설 인식 부족에 의한 익수	◦ 7.5m를 초과하지 않는 간격으로 수영장 주변에 설치하며 얕 은 물과 깊은 물의 수영을 알리는 표지판이 관련 영역에 위치 하게 설치
	고정식 도약대	통제되지 않은 다이빙과 바닥을 에 충돌 위험	◦ 수영조의 얕은 끝에서 '다이빙 금지'라는 설치물 활용 ◦ 다이빙 기술에 대한 평가를 완료 사람에게만 제공하며, 다이빙 도약대의 위험에 대한 토론을 실시
	수질 테스트	수질이 수영자의 건강에 영향을 주지 않는 상태일 때 수영을 허용한다.	◦ 기본 테스트는 매일 정기적으로 수영조에 입장하기 전에 실시되어져야 한다 ◦ 중대 오염 시 수영장을 폐쇄 할 수 있는 임시 간판에 대한 준비가 필요하다.
	자폐아 금지	일반적인 수영이용자가 아닌 자의 직접 통제 불가	◦ 16 세 미만의 어린이는 성인 1 명 (≥18 세)과 동행한다. ◦ 10 세 미만의 어린이는 18 세 이상의 성인이 물에 들어갈 준비가 되어 직접 감독 해야하며, ◦ 5 세 미만의 어린이는 18 세 이상의 성인의 팔 길이 이내에 서 있어야 한다.
	동물 금지	–	◦ 동물 출입 금지
	과밀화	–	◦ 정원게시판에 표시되어진 시설 용량 수준 준수

3. 수상안전요원의 안전근무

(1) 수상안전요원의 안전 근무 기술

• 불특정 다중이용시설인 수영장 및 수영장 관련 시설은 각종 응급 환자가 발생하는 것이라는 예상에 대한 대비를 항상 마련하고 있어야 한다. 수영활동자외 직무자들까지도 급작스런 심정지 외에도 다양한 사고들이 일어날 가능성은 완전하게 없다고 할 수 없기 때문이다.

• 수영장 운영 중 조난자 또는 부상자가 발생하였을 때 최대한 빠르게 1차 평가에 따른 조치를 실시함과 동시에 평가결과에 따라서는 119번에 신고하여 가능한 빨리 전문응급구조서비스를 활용하고, 의료 기관에서 전문적인 처치가 이루어져야 한다.

• 수중 또는 수상이라는 특별한 수영장 환경은 수영 활동 중에 의식을 잃는 경우 수중에 가라앉아 질식 상태가 되어 익수 할 수 있는 가능성이 크다. 따라서 지상에서보다도 더 심각한 상황이 발생되어질 수 있다. 이러한 상황을 놓치지않고 신속하게 구조와 응급처치로 대응을 할 수 있도록 준비되어있는 것은 매우 중요하다.

• 이러한 신속하고도 효율적인 대응을 하기 위한 수상안전요원 개개인의 근무 기술로는
  – 수영조 안전 관찰 기술
  – 익수자에 대한 동작 또는 형태에 대한 인식
  – 안전 관찰의 지원 기술
  – 순찰 기술
  – 근무자 교대 기술 등이 있다.

(2) 수영조 안전관찰 기술

- 수영조에 대한 안전 관찰 기술은 기본적으로 자신에게 배당되어진 수면 상의 영역을 넓은 시야로 전체적으로 관찰하며 반복하여 수면 뿐만 아니라 수중까지도 관찰한다.

- 안전 관찰의 원칙
  - 관찰이 위치는 수영조의 수면과 수중을 관찰할 때 장애물이 없어야 하며, 가능한 한도 내에서 수영조내에서 활동하는 사람들의 표정 또는 소리까지도 청취할 수 있는 위치를 확보해야 한다. 수면의 반사 빛은 최대한 피해야 하며 불가능할 때는 선글라스를 활용한다.
  - 익수 또는 부상에 대한 징후를 놓치지 않아야 하며, 오감을 활용한 상황과 환경의 변화에 예민해야 한다.

- 안전 관찰의 방법
  - 수면과 수중을 관찰하는데 있어 한 지점을 응시하지 않으며 끈임 없이 시선을 움직인다.
  - 수영자들의 활동 경향을 파악하여 기억해 두며, 특히 사고 발생가능성이 있는 그룹은 정리해 두어 사고 발생자 특유의 움직임이 있는지 확인한다.
  - 시설, 날씨(야외수영장) 등의 환경을 지속적으로 확인하며, 될 수 있는 한 관찰 근무 중에는 대화를 삼가한다.
  - 60분당 10분간이 휴식시간을 만들어 안전근무자의 관찰력을 보호하고, 수영조 내를 점검함으로서 안전근무에 철저를 기한다.

- 안전 관찰력에 영향을 주는 요인 들
  - 인간의 집중력은 30분 이내라는 것, 고온 다습한 환경은 긴장을 떨구며, 스트레스는 집중력을 저하시킨다.
  - 낮은 위치 보다는 높은 위치가 수중과 수영조 바닥을 보기가 쉽다.
  - 적절한 수분 섭취는 주의력을 높이며, 감시탑 위에서의 적절한 스트레칭 등은 교감 신경계를 자극하는 뇌의 대뇌 피질에서 주의력을 높이는 효과가 있다.
  - 수상안전요원의 근무 교대 시 수영장 상황을 공유하며 정기적인 훈련이나 현장 교육은 솔선해서 실천한다.
  - 휴식시간중에 불시에 구조 훈련을 실시함으로써 주의력이 향상을 촉진하고 긴장감을 높인다.

• 효율적으로 확실한 스캔에 대한 집중력을 높이는 방법을 소개한다.

– 눈과 머리를 써서 지역 전체를 총괄, 빗질하듯이 본다. 약10초마다 맡은 지역을 자세히 살펴보며 관찰한다.

– 같은 패턴을 이용해서 맡은 지역의 관찰을 5분간 제대로 실시한다. 관찰 패턴을 이용한 관찰은 맡은 지역 전체를 커버할 수 있는 주의력을 유지할 수 있다. [업&다운 스캔][사이드 투 사이드 스캔]을 기본 패턴으로 한다.

– 관찰 할 때 먼저 수면 밑과 수영조 바닥을 본다. 그 뒤 수면을 보고 빠질 듯한 이용자나 도움이 필요한 이용자가 없는지 등의 지켜본다. 수영조에 대한 감시 기술은 기본적으로 자신에게 배당되어진 수면 상의 영역을 넓은 시야로 전체적으로 관찰하며 반복하여 수면 뿐만 아니라 수중까지도 관찰한다. 표 3-5는 상기 내용을 표현한 표이다.

표 3-5 여러가지 관찰 기술

앞쪽(아래)에서 멀리(위)에, 먼 곳(위)에서 앞쪽(아래)으로 세로 방향으로 시선을 이동시키는 방법

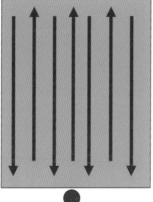

먼쪽 오른쪽에서 왼쪽으로 왼쪽에서 오른쪽으로 조금씩 앞쪽으로 반원형으로 시선을 이동하는 방법이다

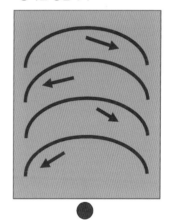

가장 기본적인 방법으로 오른쪽에서 왼쪽으로 왼쪽에서 오른쪽으로 가로 방향으로 시선을 이동하는 방법

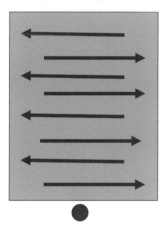

담당 구역 전체를 크고 작은 삼각형에 맞춘 움직임을 만들면서 시선을 전체적으로 이동하는 방법

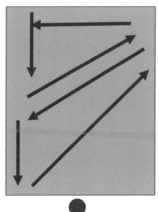

8자를 만들면서 시선을 전체적으로 이동하는 방법

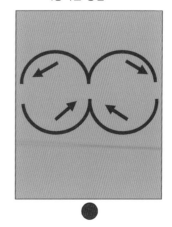

– 출처: 수영장 안전요원 직무 교재. 문화체육관광부. 2018.

Contents

3장 수상안전 응급상황별 대처 방법

CHAPTER

01

수상안전

CHAPTER 01
수상안전 | Water Safety

01 수상안전 연구

안전 불감증 이라는 용어가 건설, 교육, 교통, 근무환경 등 대한민국 사회전반에 깊이 뿌리내려 진통을 격고 있는 현대사회에서 수상안전 분야 역시 여러 가지 사건들을 통하여 교훈을 얻으면서도 아직까지 수상안전을 보장할 수 없는 것이 현실이다.

우리나라의 수상 안전의식은 2014년 4월 16일 발생한 세월호 사건 이전과 이후로 나누어진다고 많은 수상안전 전문가들은 이야기하고 있다. 과거의 안전 불감증과 세월호 사건 당시 부족했던 국가재난안전대응 시스템에 의해 많은 희생자와 유가족들이 생겨났으며, 수상안전에 대한 교육과 국민들의 안전의식이 점차 강화되고 있다(유동균, 2017). 이처럼 수상안전에 대한 중요성은 점차 강화되고 있지만 체계적인 수상안전 프로그램과 생존수영 교육 자료들은 다소 부족한 실정이다.

삼면(동해, 남해, 서해)이 바다로 이루어진 대한민국은 해양 국가이다. 해양을 통하여 세계 여러 국가들과 무역을 하고, 삼면의 바다를 활용한 해양생태자원을 통하여 생계를 유지하는 국민들이 있고, 과거와 현재 그리고 미래에도 해양은 우리에게 가장 중요한 자연환경이다. 이러한 해양환경을 보호하고, 해양환경을 통하여 생계를 유지하는 국민들을 위하여 수상안전은 필수이며, 중점적으로 연구해야 하는 분야이다. 수상안전의 연구방향은 효과적인 수상안전 예방교육과 쉽고, 안전한 수상 구조 기술의 보급 확대이다.

수상안전 예방교육은 이루어지고 있으나 주기적이고, 보다 구체적인 예방교육 부족이 문제점으로 나타나고 있다. 따라서 수상안전 예방교육을 여름철이나 특정 지역에서만 제공되는 제한된 교육이 아닌 조건부를 막론하고 항구적인 시스템으로 재구성되어야 한다.

수상구조 기술의 보급은 수상구조NCS학습모듈(교육부)이 2018년 12월 31일 발표되어 보다 구체성은 갖추었으나 일반인들이 접근하기에는 전문적인 내용과 기술이 많아 보다 쉽게 적용이 가능한 연구가 필요하다는 생각이다. 따라서 이 책에서는 수상구조를 일반인도 보다 쉽게 적용할 수 있도록 집필하고, 보다 빠른 이해를 위하여 사진 삽화를 통한 쉬운 이해를 도우려 한다.

수상안전 문화의 확산과 실천은 안전한 대한민국으로 거듭나기 위한 밑거름이며, 미래를 책임질 중요한 분야이다. 수상안전은 단순하게 사람을 관리, 감독하는 것뿐만 아니라 수상안전을 담당하는 조직의 전문화와 세밀화가 필요하다(유동균, 김종걸, 윤성현, 2018). 따라서 수상안전 전문가로서 사명감을 가지고 연구하고, 새로운 기술의 발전과 선진화된 프로그램 도입을 위하여 끝없이 노력해야 할 것이다.

02 수상안전 이해 및 현황

수상안전을 이해하고, 관리하기 위해서는 안전사고에 대한 이해와 함께 현황을 연구 분석할 필요가 있다. 따라서 각 관계기관에서 발표한 사고사례 및 현황을 알아본다.

1 수영장 안전사고

(1) 2014년 문화체육관광부에서는 전국 146개 체육시설의 안전점검 시범조사를 한 결과, 안전매뉴얼과 지침을 제대로 갖춘 곳은 단 한 곳도 없었으며, 안전시설 미비 132개소(90.4%), 안전교육 및 훈련 미흡 91개소(62.3%)에 달하고 있다. 수영장 시설의 지난 3년간의 안전사고 현황을 살펴보면 2014년 112건, 2015년 147건, 2016년 115건 등 총 378건의 수영장 사고가 발생하고 있는 실정이다(문화체육관광부, 2018).

표 1-1 연도별 수영장 시설 안전사고 건수, 문화체육관광부, 2018

연도	2014	2015	2016	미상	합계
사고건수	112	147	115	4	378

(2) 수영 활동 시 10명 중 2명가량 부상 경험이 있으며, 연 평균 1.6회 가량 부상경험이 있다고 보고 하고 있다. 연령별로 살펴보았을 때 수영장 안전사고는 10세미만이 77건(20.3%), 50세 이상이 138건 (36.4%)으로 높은 비중을 차지하고 있다. 사고 시 어린이, 청소년, 노인사고 비중이 높게 나타났으므로 안전성 확보를 위해 연령별에 맞는 시설이용 안전교육의 필요성이 요구된다(문화체육관광부, 2018).

표 1-2 수영장 안전사고 연령별 현황, 문화체육관광부, 2018

연령	10세미만	10대	20대	30대	40대	50대	60대 이상	미상	합계
사고수	77 (20.3%)	56 (14.8%)	12 (3.1%)	15 (3.9%)	44 (11.6%)	42 (11.1%)	96 (25.3%)	36 (9.5%)	378 (100%)

(3) 수영장 시설 안전사고의 주요 원인으로는 수상안전요원 및 체육지도자 배치 미준수, 수영조 주변 필수 공간 미확보, 수영장 수질관리 규정 미준수, 수영장 안전 수칙 미 부착 및 수심 미표시 등이 있다(문화체육관광부, 2018).

따라서 수상안전요원의 배치 준수 및 안전에 필요한 제반시설들을 철저히 갖추는 것이 안전사고를 예방하는 길이다.

2 수상안전사고 사례

(1) 인천서 다이빙 훈련하던 중학생, 다이빙대에 부딪혀 숨져

인천의 한 수영장에서 중학생 다이빙 선수가 훈련 도중 구조물에 머리를 부딪혀 숨졌다. 5일 인천 미추홀경찰서에 따르면, 전날 오후 2시 35분께 인천시 문학동 박태환수영장에서 중학교 2학년 A(14)양이 다이빙대에 머리를 맞고 물속으로 추락했다. A양이 지상 훈련을 한 뒤 높이를 점차 올리며 다이빙 연습을 하다가, 몸을 돌면서 입수하는 '트위스트' 자세를 취하며 점프하는 과정에서 이 같은 변을 당한 것으로 알려졌다. A양은 곧바로 인근 병원에 이송됐지만 같은날 오후 9시께 사망했다. A양은 전국 대회 입상 경력이 있는 선수인 것으로 전해졌다. 경찰은 당시 현장에 있었던 수영장 직원과 코치진 등을 상대로 정확한 사고 경위를 조사하는 한편 훈련 상황, A양의 건강 상태 등 전반적인 상황을 파악하고 있다.

— 출처: 디지털뉴스국 박동우 인턴기자 2019.05.05.

(2) 강서구 실내수영장에서 50대 여성 숨진 채 발견

5월 8일 오후 4시 30분께 부산 강서구 대저1동 강서체육공원 실내수영장 어린이풀에서 50대 여성이 숨진 채 발견됐다. 경찰에 따르면 이날 A(56·여)씨가 70㎝ 높이의 어린이풀에서 잠수한 채 물 위에 떠 있는 것을 수영장 내에 있던 이용객이 발견해 경찰에 신고했다. 경찰에 따르면 사고 당시 실내수영장 내에는 2명의 안전 요원이 근무 중이었다. 안전요원들은 성인용 풀 주변에서 안전관리 업무를 하고 있었던 것으로 알려졌다. 유족들은 "안전관리자의 안전관리 부실이 사망사고로 이어졌다"고 주장하고 있다. 유족은 경찰 조사에서 평소 A씨가 앓던 지병 등은 없었다고 진술했다. 경찰은 현장 목격자와 강서체육공원 안전관리 책임자 등을 상대로 정확한 사고 경위를 조사하는 한편 A씨의 정확한 사인을 밝히기 위해 국립과학수사연구원에 부검을 의뢰할 계획이다.

– 출처: 부산일보 김준용 기자 jundragon@busan.com 2019.05.08.

(3) 해운대 호텔 수영장, 초등생 의식불명 사고... 안전 부실 논란

부산 해운대구의 A호텔 수영장에서 초등학생이 물에 빠져 의식을 잃은 채 발견돼 경찰이 수사에 나섰다. 17일 오후 5시 A호텔 실내수영장 유아 풀장에서 이모(12)군이 물속 철제계단 사이에 팔이 낀 채로 물속에 잠겨 의식을 잃은 상태로 발견됐다. 투숙객이 이 군을 발견, 안전관리요원을 불러 심폐소생술 등 처치를 하고 응급실로 옮겼지만 현재까지 의식불명 상태다. 이 군이 발견된 유아용 풀은 수심이 70m로 이 군의 키보다 낮다. 경찰은 현재 목격자 등을 상대로 사고 경위를 파악하고, 호텔 수영장이 안전관리 수칙을 제대로 지켰는지 조사 중이다. 해운대구청에 따르면, 지난해 7월 해당 수영장을 대상으로 안전점검이 시행됐다. 구청 관계자는 19일 미디어 SR에 "당시에는 별다른 문제소지는 발견되지 않았고, 강사 외에 9명 정도의 안전관리요원을 두고 있었다. 다만, 호텔 측에서 상시 2명을 배치해야 한다는 규칙을 잘 모르고 있어 이를 안내했다."라고 전했다. 그러나 이번 사고를 통해 안전요원이 사실상 제 역할을 다 하지 못하고 이 군을 10여 분간 방치한 것으로 드러나면서 행정당국의 안전점검 절차의 재점검 필요성도 제기된다.

수영장의 경우 감시탑에 안전요원을 2명 이상 배치하도록 체육시설법 시행규칙에서 정하고 있다. 하지만 근무위치나 근무형태가 불명확해 안전요원이 감시탑을 벗어나거나 강습 중인 수영강사가 안전요원을 병행하는 사례가 발생하고 있어 국민권익위원회에서 지난달 수영장의 안전요원이 임의로 감시탑을 벗어나지 않도록 하고 안전요원 임무 수행 중에는 수영강습 등 다른 업무를 병행할 수 없도록 관련 규정에 명확히 하도록 문화체육관광부에 제도개선을 권고한 바 있다.

– 출처: 미디어SR(http://www.mediasr.co.kr) 2019.02.19.

(4) 호텔 수영장 빠져 숨진 30대男... "안전요원 없이 방치"

2021년 3월 서울 강남구 청담동 소재의 한 호텔 수영장에서 30대 남성 투숙객이 물에 빠져 사망한 사건이 뒤늦게 알려졌다.

서울 강남경찰서는 청담동의 한 호텔 수영장에서 숨진 A씨(35)의 유족들이 호텔 관계자들을 업무상 과실치사 혐의로 고소한 사건을 수사하고 있다고 밝혔다. 사고가 발생한 시점은 지난 3월 4일이었다.

현행 체육시설법 시행규칙에 따르면 해당 호텔은 수영장에 최소 2명 이상의 안전요원을 배치했어야 하지만, 사고 당시 호텔 측은 1명의 안전요원을 고용했고 그마저 자리를 비운 상태였던 것으로 전해졌다.

물에 빠진 A씨를 발견한 것도 안전요원이 아닌 다른 손님이었던 것으로 알려졌다. A씨는 결국 물속으로 들어간 뒤 18분 동안 방치돼 있다 사망했다.

호텔 측은 안전요원을 1명만 채용한 사실과 당시 자리를 비운 사실을 인정하면서 강남구청의 시정명령에 따라 추가 채용 공고를 올리고 조문을 가는 등 유가족에게도 사과했다고 밝혔다.

하지만 유가족 측은 "호텔 측이 진정성 있는 사과를 한 적이 없고 잘못도 인정하지 않고 있다"며 지난달 21일부터 호텔 앞에서 사과와 피해 보상을 요구하는 시위를 이어가고 있다.

경찰은 사고 당일 A씨를 변사자로 접수하고 타살 혐의점과 과실치사 가능성에 대한 내사를 진행하다가 지난달 A씨 유족이 고소장을 제출해 정식 수사를 하고 있다. 경찰 조사와 부검 결과 타살 혐의점은 없는 것으로 드러났다.

– 출처: 국민일보(http://news.kmib.co.kr) 2021.07.23.

03 간접 수상구조

이제부터 본격적인 수상구조 기술들을 배워 보도록 한다. 간접 수상구조는 가장 우선 시행되어야 하는 수상구조 기술이다. 구조자가 수상에 직접 들어가지 않고, 간접 도구들을 활용하여 구조하는 기술은 구조자와 요구조자 모두 안전한 구조 방법으로 수상구조에 필요한 핵심 구조이다.

그림 1-1 수상구조의 순서

❶ 간접 수상구조 도구

- 구명환, 장대, 로프 등 현장의 수상구조 도구 외 다양한 일상도구를 활용한 간접 수상구조 도구를 만들고, 활용 할 수 있어야 한다.
- 평소 수상안전요원은 간접구조 도구를 사용하는 방법을 숙지하고 연습한다.

❷ 간접 수상구조 방법

(1) 구명환 사용방법

- 구명환은 수영장, 워터파크, 해수욕장 등 물놀이 시설에 의무로 배치되어 있는 간접구조 도구이다.
- 구명환은 로프와 연결되어 있어 요구조자의 한쪽(오른쪽 아님 왼쪽) 어깨 넘어 방향으로 던져 요구조자가 구명환 또는 연결된 로프를 잡고 구조될 수 있도록 한다.
- 구명환은 비교적 딱딱한 재질로 만들어져 요구조자에게 직접적으로 던지면 구명환에 의하여 2차 피해가 예상되니 사용방법을 평소에 연습하고 안전사고 예방에 대비해야 한다.

요구조자의 위치

요구조자의 어깨 넘어 전달

구조자는 구명환을 잡은 요구조자를 끌어와 구조

그림 1-2 구명환 사용방법

(2) 장대 사용방법

- 장대는 주변에서 쉽게 구할 수 있는 간접구조 도구이다.
- 안전지대의 구조자가 수상에 위치한 요구조자의 거리에 전달할 수 있는 장대를 잡고 구조할 수 있도록 한다.
- 먼거리의 요구조자에게는 적합하지 않은 간접구조 방법이다.

요구조자의 위치 파악

요구조자에게 전달

구조자는 장대를 잡은 요구조자를 끌어와 구조

그림 1-3 장대 사용방법

(3) 로프 사용방법

- 구조에 사용 되는 대표적인 로프 매듭법을 숙지한다.
- 떨어져있는 요구조자에게 로프만으로는 던져서 전달할 수 없기 때문에 매듭법을 이용하여 무게추(물이 조금 들어간 페트병 등)를 연결하여 던지는 방법을 연습한다.
- 로프를 던질 때 무게추는 요구조자 뒤편으로 넘어갈 수 있도록 연습한다.

요구조자의 위치 파악

요구조자의 어깨 넘어 전달

구조자는 로프를 잡은 요구조자를 끌어와 구조

그림 1-4 로프 사용방법

명 칭	매 듭 법	설 명
고정 매듭 (보라인 매듭)		로프 한쪽 끝에 고리를 만드는 매듭. 사람을 위로 올리거나 아래로 내려 보낼 때 앉힐 수 있다
그래니 매듭		두 가닥의 로프를 함께 묶는 데 사용하는 매듭(쉽게 풀어야 할 필요가 있을 때만 사용)
겹홀러매기 (피셔맨 노트)		같은 지름의 로프 두 가닥이나 같은 지름의 낚싯줄 두 가닥의 양끝을 함께 묶을 때 사용하는 매듭
두 번 감은 접친 매듭 (더블 시트 밴드)		다른 지름의 로프 두 가닥을 함께 묶는 데 사용하는 매듭
감은 매듭 (클로브 히치)		로프의 끝이나 중간에서 물체를 묶을 경우 사용하며 쉽고 빠르게 묶을 수 있는 매듭(매듭 후에도 쉽게 길이조절을 할 수 있어 사용 빈도가 높다.)

그림 1-5 주요 로프 매듭방법, 해양경찰청 함정훈련교본, 2019

04 수상구조 기술

수상구조 기술을 이해하는데 필요한 기초 지식과 절차를 설명하려고 한다. 수상구조는 정확한 절차로 이루어져야 안전하게 인명을 구조할 수 있다. 따라서 수상구조 절차에 맞추어 기초 지식을 설명한다.

| 1. 현장 도착 | 구조 상황 인지 및 사고 현장 도착 |

⇩

| 2. 현장실태 파악 및 안전 확보 | 사고 현장 실태 파악으로 자기 임무 결정 및 안전 확보 |

⇩

| 3. 사고유형 및 규모 파악 | 사고 규모 · 유형 파악, 구조장비 및 구조방법 선택 |

⇩

| 4. 요구조자 상태 및 숫자 파악 | 요구조자 관찰 및 구조 우선순위 결정 |

⇩

| 5. 지원세력 요청 판단 | 구조 가능여부 판단, 필요 시 지원 구조세력 요청 |

⇩

| 6. 장애요인 및 위험요소 파악 | 구조현장 위험요소 파악 및 장애요인 해결 |

⇩

| 7. 필요 장비 및 인력 요청 | 추가 응급 · 구조 상황에 필요한 장비 및 인력 요청 |

⇩

| 8. 구조 활동 전개 | 요구조자 구조 및 안전지대로 운반 |

⇩

| 9. 응급구조기관 인계 | 구조 완료 시 구조기관 인계 및 사후 처리 |

그림 1-6 구조현장 도착 시 조치 요령, 수상구조NCS학습모듈, 교육부, 2018

① 수상구조 절차

수상구조의 절차는 입수법, 접근법, 구조법, 운반법 4가지 순서에 의하여 이루어진다. 따라서 4가지 절차를 순서대로 이해하기 위하여 각 방법의 기초 동작을 제공한다.

그림 1-7 수상구조 절차

(1) 입수법

① 다리 벌려 입수법 – 대표적인 입수법

요구조자의 위치를 파악 후 "전방의 요구조자 발견" 구호를 외침	요구조자를 주시하며 다리 벌려 입수	요구조자를 주시하며 접근법 준비

그림 1-8 다리 벌려 입수방법

② 다리 굽혀 입수법 – 현장상황에 따라 적용하는 입수법

요구조자의 위치를 파악 후 "전방의 요구조자 발견" 구호를 외침	요구조자를 주시하며 다리 굽혀 입수	요구조자를 주시하며 접근법 준비

그림 1-9 다리 굽혀 입수방법

③ 다리 모아 입수법 – 현장 상황에 따라 적용하는 입수법

요구조자의 위치를 파악 후 "전방의 요구조자 발견" 구호를 외침

요구조자를 주시하며 다리 모아 입수

요구조자를 주시하며 접근법 준비

그림 1-10 다리 모아 입수방법

④ 머리 먼저 입수법 – 빠른 구조를 위한 입수법

요구조자의 위치를 파악 후 "전방의 요구조자 발견" 구호를 외침

요구조자를 주시하며 머리 먼저 입수

요구조자를 주시하며 접근법 준비

그림 1-11 머리 먼저 입수방법

⑤ 조심히 입수법 – 요구조자의 상태에 따라 적용하는 입수법

요구조자의 위치를 파악 후 "전방의 요구조자 발견" 구호를 외침

요구조자를 주시하며 조심히 입수

요구조자를 주시하며 조심히 접근법 준비

그림 1-12 조심히 입수방법

(2) 접근법

① 평영 – 장거리 요구조자에게 접근법

요구조자를 바라보고 머리를 들고 평영

요구조자를 계속 주시하며 머리 들고 평영

요구조자를 주시하며 구조법 준비

그림 1-13 평영 접근방법

② 머리 들고 자유형 – 단거리 요구조자에게 접근법

요구조자를 바라보고 머리를 들고 자유형

요구조자를 계속 주시하며 머리 들고 자유형

요구조자를 주시하며 구조법 준비

그림 1-14 머리 들고 자유형 접근방법

③ 트러젠 – 중·단거리 요구조자에게 접근법

요구조자를 바라보고 트러젠

요구조자를 계속 주시하며 트러젠

요구조자를 주시하며 구조법 준비

그림 1-15 트러젠 접근방법

④ 스컬링 – 요구조자에게 조심히 접근법

요구조자를 바라보고 스컬링 손동작으로 이동

요구조자를 계속 주시하며 다리를 사용하지 않고 이동

요구조자를 주시하며 구조법 준비

그림 1-16   스컬링 접근방법

⑤ 입영 – 요구조자의 상태와 현장상황에 따른 접근법

요구조자를 바라보고 선 상태에서 입영(로터리킥)

요구조자를 계속 주시하며 입영으로 이동

요구조자를 주시하며 구조법 준비

그림 1-17   입영 접근방법

(3) 구조법

① 장비 건네주기 - 의식이 있는 요구조자 구조법

1

의식 있는 요구조자를 바라보고 안전거리 확보 후 장비 전달준비

2

요구조자를 계속 주시하며 장비 건네주기 실시

3

요구조자를 주시하며 장비를 전달 후 운반준비

그림 1-18 　장비 건네주기 구조방법

② 후방구조 - 요구조자 상태와 현장상황에 따른 구조법

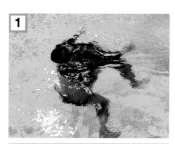

1

의식이 있는 요구조자의 후방에서 구조준비

2

요구조자의 골반에서 어깨까지 구조자의 손과 팔꿈치로 끌어올리며 구조

3

요구조자의 호흡기가 수면으로 나와 안정되면 운반준비

그림 1-19 　후방 구조방법

③ 손목 끌기 – 의식이 없는 요구조자 구조법

| 의식 없는 요구조자를 바라보고 준비서기 후 손목 끌기 준비 | 요구조자를 계속 주시하며 장비 방향으로 손목을 끌어와 구조 | 장비 양쪽의 버클을 채워서 안정시키고 운반준비 |

그림 1-20 손목 끌기 구조방법

(4) 운반법

① 겨드랑이 운반

| 구조자는 요구조자의 후방에서 겨드랑이에 양손을 넣고 운반준비 | 요구조자의 상태를 파악하며 평영킥 또는 로타리킥으로 운반 | 요구조자를 안전지대로 이동시키면 종료 |

그림 1-21 겨드랑이 운반방법

② 횡영

1	2	3
요구조자를 바라보고 2m 이상의 거리를 유지하여 장비의 끈을 잡고 운반준비	요구조자의 상태를 파악하며 요구조자와 안전지대를 지속적으로 바라보며 운반	요구조자를 안전지대로 이동시키면 종료

그림 1-22 횡영 운반방법

※ 요구조자의 상태에 따라서 다양한 운반법이 있지만 구조자의 안전을 고려하여 가장 대표적인 운반법 제시

05 장비 수상구조

간접 수상구조 방법이 어려울 경우 직접구조 방법 중 장비(레스큐튜브)를 활용한 구조기술을 우선 활용한다. 장비를 사용하는 수상구조 방법은 여러 가지가 있지만 수상구조NCS학습모듈(교육부, 2018)에서 제시한 기술을 중심으로 가장 보편적이고, 효과적인 장비기술을 쉽게 설명하려고 한다. 과거 직접 수상구조 시 다양한 장비(레스큐캔 등)들이 사용 되었지만 최근 수영장, 워터파크, 해수욕장 등 물놀이시설들은 레스큐튜브로 통일하여 배치 사용되고 있는 실정이다. 레스큐튜브는 휴대가 간편하고, 사용이 편리하여 가장 보편적인 수상구조 장비로 인식되고 있는 추세이다.

표 1-3 다양한 장비구조방법, 수상구조NCS학습모듈, 교육부, 2018

구 분	장비구조 방법		비 고
요구조자 상태	– 의식 있는 요구조자	– 의식 없는 요구조자	
입수방법	– 다리 굽혀 입수방법 – 다리 모아 입수방법 – 다리 벌려 입수방법 – 머리 먼저 입수방법	– 다리 벌려 입수방법 – 조심히 입수방법	현장상황과 요구조자 상태에 따라 선택
접근방법	– 머리 들고 자유형 – 트러젠	– 스컬링 – 입영 – 평영(머리 들고 평영) – 트러젠	요구조자 상태 및 이동거 리에 따라 선택
구조방법	– 장비 건네주기 – 후방구조	– 손목 끌기 – 후방구조	요구조자 상태에 따라 선택
운반방법	– 겨드랑이 운반(기본배영) – 횡영	– 겨드랑이 운반(기본배영) – 횡영	구조방법에 따라 선택

※비고 : 구조자는 다양한 입수 · 접근 · 구조 · 운반방법을 배우고 익힌다.

1 장비 수상구조 방법

(1) 의식 있는 요구조자 장비구조

① 입수법 – 머리 먼저 입수법(현장 상황에 적절한 입수법 선택)

| 요구조자의 위치를 파악 후 "전방의 요구조자 발견" 구호를 외침 | 요구조자를 주시하며 머리 먼저 입수 | 요구조자를 주시하며 접근법 준비 |

그림 1-23 의식 있는 요구조자 장비구조 입수방법

② 접근법 – 머리 들고 자유형(접근 거리와 현장상황에 적절한 접근법 선택)

| 요구조자를 바라보고 머리 들고 자유형 | 요구조자를 계속 주시하며 머리 들고 자유형 | 요구조자를 주시하며 2m 이상 안전거리에서 준비서기 |

그림 1-24 의식 있는 요구조자 장비구조 접근방법

※ 구조자의 안전을 위하여 2m 이상의 거리에서 구조준비 필요

③ 구조법 – 장비 건네주기

의식 있는 요구조자를 바라보고 안전거리(2m 이상) 확보 후 장비전달 준비

요구조자를 계속 주시하며 신속하게 장비전달

요구조자와 안전거리(2m 이상)를 유지하며 구조 후 운반 준비

그림 1-25 의식 있는 요구조자 장비구조 구조방법

④ 운반법 – 횡영(장비 끌기)

요구조자를 바라보고 2m 이상의 거리를 유지하여 장비의 끈을 잡고 운반준비

요구조자의 상태를 파악하며 요구조자와 안전지대를 지속적으로 바라보며 운반

요구조자를 안전지대로 이동시키면 종료

그림 1-26 의식 있는 요구조자 장비구조 운반방법

(2) 의식 없는 요구조자 장비구조

① 입수법 – 다리 벌려 입수법(현장 상황에 적절한 입수법 선택)

| 요구조자의 위치를 파악 후 "전방의 요구조자 발견" 구호를 외침 | 요구조자를 주시하며 다리 벌려 입수 | 요구조자를 주시하며 접근법 준비 |

그림 1-27 　의식 없는 요구조자 장비구조 입수방법

② 접근법 – 트러젠(접근 거리와 현장상황에 적절한 접근법 선택)

| 요구조자를 바라보고 트러젠 시작 | 요구조자를 계속 주시하며 트러젠 영법 | 요구조자를 주시하며 구조법 준비 |

그림 1-28 　의식 없는 요구조자 장비구조 접근방법

③ 구조법 – 손목 끌기

1	2	3
의식이 없는 요구조자와 안전 거리(2m 이상) 유지 후 준비서기로 구조준비	요구조자의 손목을 잡고 장비 방향으로 끌어와 구조	요구조자의 호흡기가 수면으로 나오면 장비 버클을 채우고 운반준비

그림 1-29 의식 없는 요구조자 장비구조 구조방법

④ 운반법 – 횡영(장비 끌기)

1	2	3
요구조자를 바라보고 2m 이상의 거리를 유지하여 장비의 끈을 잡고 운반준비	요구조자의 상태를 파악하며 요구조자와 안전지대를 지속적으로 바라보며 운반	요구조자를 안전지대로 이동시키면 종료

그림 1-30 의식 없는 요구조자 장비구조 운반방법

※ 수상안전요원은 평소 다양한 장비 구조 기술을 연습하고, 체력을 유지한다.

06 맨몸 수상구조

장비 수상구조 방법을 실행하기 위해서는 수상구조 장비가 있어야 하지만 장비를 구하기 어려운 상황에서 최후의 방법으로 맨몸 수상구조 방법이 사용된다. 맨몸 수상구조 방법은 굉장히 위험하고, 전문적인 기술을 요하는 방법으로 강인한 체력과 숙달된 기술이 절대적으로 필요한 수상구조 기술이다.

수상구조를 전문적으로 배우고, 숙달된 구조자가 안전이 확보된 상황에서 할 수 있는 최후의 수상구조 방법이다.

1 맨몸 수상구조 방법

(1) 의식 있는 요구조자 맨몸구조

① 입수법 – 다리 벌려 입수법(현장 상황에 적절한 입수법 선택)

| 요구조자의 위치를 파악 후 "전방의 요구조자 발견" 구호를 외침 | 요구조자를 주시하며 다리 벌려 입수 | 요구조자를 주시하며 접근법 준비 |

그림 1-31 의식 있는 요구조자 맨몸구조 입수방법

② 접근법 – 머리 들고 자유형(접근 거리와 현장상황에 적절한 접근법 선택)

요구조자를 바라보고 머리를 들고 자유형

요구조자와 2m 이상의 거리에서 빠른 수면 다이빙

수중에서 요구조자를 주시하며 후방으로 접근

그림 1-32   의식 있는 요구조자 맨몸구조 접근방법

③ 구조법 – 후방구조

요구조자의 후방으로 이동 구조준비

요구조자의 후방 골반에서 겨드랑이까지 구조자의 손과 팔꿈치로 끌어올림

요구조자의 호흡기가 수면으로 나오면 안전지대로 운반준비

그림 1-33   의식 있는 요구조자 맨몸구조 구조방법

④ 운반법 – 겨드랑이 운반

구조자는 요구조자의 후방에서 겨드랑이에 양손을 넣어서 운반준비

요구조자의 상태를 파악하며 요구조자와 안전지대를 지속적으로 바라보며 운반

요구조자를 안전지대로 이동시키면 종료

그림 1-34 │ 의식 있는 요구조자 맨몸구조 운반방법

(2) 의식 없는 요구조자 맨몸구조

① 입수법 – 조심히 입수법(현장 상황에 적절한 입수법 선택)

요구조자의 위치를 파악 후 "전방의 요구조자 발견" 구호를 외침

요구조자를 주시하며 조심히 입수

요구조자를 주시하며 조심히 접근법 준비

그림 1-35 │ 의식 없는 요구조자 맨몸구조 입수방법

② 접근법 – 머리 들고 평영(접근 거리와 현장상황에 적절한 접근법 선택)

요구조자를 바라보고 머리를 들고 평영

요구조자를 계속 주시하며 머리 들고 평영

요구조자를 주시하며 구조법 준비

그림 1-36 의식 없는 요구조자 맨몸구조 접근방법

③ 구조법 – 손목 끌기

요구조자를 바라보고 안전거리 확보 준비서기 후 의식 확인 및 손목 끌기 준비

요구조자의 손목(오른손 = 오른손)을 잡고 끌어와 뒤집고 호흡기가 나오게 구조

요구조자를 주시하며 안정시키며 운반준비

그림 1-37 의식 없는 요구조자 맨몸구조 구조방법

④ 운반법 - 가슴잡이

구조자는 요구조자의 후방에서 겨드랑이에 한손을 넣고 가슴잡이 운반

요구조자의 상태를 파악하며 요구조자와 안전지대를 지속적으로 바라보며 운반

요구조자를 안전지대로 이동시키면 종료

그림 1-38 의식 없는 요구조자 맨몸구조 운반방법

※ 맨몸구조는 구조자의 안전이 확보된 상황에서 최후의 수상구조 방법으로 실시

07 종합 수상구조

종합 수상구조는 수상구조에 필요한 여러 가지 기술들을 종합적으로 알아본다. 수상안전요원은 수상구조에 필요한 다양한 기술과 절차를 이해하고 숙지해야 한다.

❶ 머리 턱 고정술(경추부상자 구조)

| 1 구조자는 요구조자를 바라보며 조심히 입수하여 구조 준비 | 2 요구조자의 의식 확인 후 머리와 턱을 지지하여 호흡기가 나오게 돌리며 구조 | 3 요구조자의 머리와 턱을 고정하고 조심히 운반 |

그림 1-39 머리 턱 고정술

❷ 머리 부상자 구조(수면에 누워 있는 요구조자)

| 1 구조자는 요구조자에게 조심히 접근하여 상완근(팔꿈치 위)을 잡고 | 2 구조자는 요구조자의 양쪽 상완근(요구조자 귀 연결선)을 잡고 머리 위로 올려 머리고정 | 3 머리가 흔들리지 않도록 조심하여 안전지대 이동 |

그림 1-40 머리 부상자 구조 / 누워 있는 요구조자

❸ 머리 부상자 구조(수면에 엎드려 있는 요구조자)

1	2	3
구조자는 요구조자에게 조심히 접근하여 양쪽 상완근(요구조자 귀 연결선)을 잡고 머리고정	구조자는 요구조자를 조심히 돌려 호흡기가 수면으로 나오도록 구조	머리가 흔들리지 않도록 조심하여 안전지대 이동

그림 1-41 머리 부상자 구조 / 엎드려 있는 요구조자

❹ 수상용 척추 고정대 구조

1	2	3
구조자가 요구조자의 머리와 턱을 고정하여 구조하면 다른 구조자가 수상용 척추 고정대로 구조 준비	다른 구조자가 수상용 척추 고정대를 요구조자의 몸 아래로 밀어 넣어 구조	요구조자의 머리와 척추를 잘 고정하여 구조 후 안전지대로 이동 준비

그림 1-42 수상용 척추 고정대 구조

5 수상용 척추 고정대 사용 밖으로 구조

구조자가 요구조자의 양팔을 교차하여 잡고 다른 구조자는 수상용 척추 고정대 준비

구조자는 요구조자의 교차된 양팔을 돌리며 준비된 수상용 척추 고정대에 위치 하도록 함

두 구조자는 요구조자와 수상용 척추 고정대를 동시에 밖으로 구조

그림 1-43 수상용 척추 고정대 사용 밖으로 구조

6 장비 없이 혼자 밖으로 구조

구조자는 요구조자의 양손을 수영장 측면에 위치하여 고정

구조자는 요구조자의 양손을 고정하고 수면으로 올라가 구조 준비

요구조자의 양손목을 잡고 밖으로 끌어올려 구조

그림 1-44 장비 없이 혼자 밖으로 구조

7 중량물 운반(5kg 운반 / 요구조자 운반 연습)

1 구조자는 중량물을 잡고 반대편 안전지대로 출발

2 횡영 또는 기본배영으로 중량물 운반

3 안전지대로 무사히 중량물을 운반하면 종료

그림 1-45 중량물 운반

8 구명조끼 착용방법(자기보호 방법)

1 구명조끼에 양팔을 넣어 착용 후 가운데 버클착용

2 양쪽 겨드랑이 끈을 조절하여 신체에 맞게 착용

3 다리사이 양쪽 끈을 앞에 고리와 연결 고정

그림 1-46 구명조끼 착용방법

⑨ 잠영(25m, 구조기술 연습)

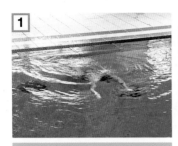
1

구조자는 물속으로 들어가며 반대편 안전지대로 출발

2

접영킥 또는 변형평영으로 잠영

3

안전지대(25m)로 무사히 도착하면 종료

그림 1-47 잠영 25m

⑩ 입영(구조기술 연습)

1

구조자는 양손을 들고 입영 준비

2

로타리킥 또는 평영킥으로 입영

3

상체는 편안하게 유지하며 주어진 시간 동안 입영

그림 1-48 입영

⑪ 스컬링(구조기술 연습)

양손을 사용하여 스컬링 준비

양손으로 적절히 물을 밀어
누운 8자 모양으로 동작

상체는 편안하게 유지하고
스컬링만으로 물에 뜨기

그림 1-49 스컬링

⑫ 누워뜨기(자기구조 방법)

호흡을 조절하고 누워뜨기
준비

몸에 힘을 빼고 호흡기를 안정
적으로 유지

누워뜨기로 몸을 편하게 유지

그림 1-50 누워뜨기

수상구조 시 요구조자에게 잡히거나 돌발 상황이 일어난 경우 구조자는 자신을 보호할 기술을 가지고 있어야한다. 따라서 구조자를 보호 할 수 있는 기술들을 알아보자.

1 수상 구조자 보호기술

(1) 앞목 풀기

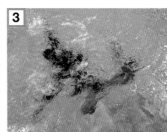

요구조자의 앞에서 잡힌 경우 신속하게 머리를 옆으로 돌려 기도확보

구조자는 기도확보 후 양손을 하늘 위로 올리고 가위차기하며 수중으로 입수

요구조자의 어깨부터 쓸어와 팔꿈치를 강하게 누르며 탈출하여 앞목 풀기

그림 1-51 앞목 풀기

(2) 뒷목 풀기

1 요구조자의 뒤에서 잡힌 경우 신속하게 머리를 옆으로 돌려 기도확보

2 구조자는 기도확보 후 양손을 하늘 위로 올리고 가위차기하며 수중으로 입수

3 요구조자의 어깨부터 쓸어와 팔꿈치를 강하게 누르며 탈출하여 뒷목 풀기

그림 1-52 뒷목 풀기

(3) 손목 풀기

1 요구조자에게 손이 잡힌 경우 신속하게 잡힌 손을 끌어 옴

2 구조자는 요구조자의 한쪽 어깨를 누르며 가위차기로 수중 입수

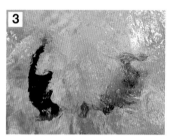

3 수중에서 요구조자에게 잡힌 손목을 잡고 비틀어 돌리며 손목 풀기

그림 1-53 손목 풀기

09 응급처치

수상구조에서 교육하는 응급처치는 심폐소생술(CPR)과 자동심장충격기(AED) 사용방법이다. 일반인은 의료행위를 할 수 없으며, 의약품 사용과 응급처치 방법에서도 제한적인 요소가 있다. 따라서 수상안전에 가장 필수적인 심폐소생술(CPR)과 자동심장충격기(AED) 사용방법을 알아본다.

1 심폐소생술(일반인)

우선 심정지가 발생한 사람을 발견했을 경우 가장 먼저 실행되어야 하는 요소는 생존사슬(chain of survival)이다. 생존사슬이 중요한 이유는 심장정지 환자의 생존 가능성을 높여주기 때문이다. 대한심폐소생협회에서 제시한 2020년 가이드라인에는 병원밖과 병원내 심장정지의 생손사슬을 분리하여 제시하였다. 본 교재는 수상에서 발생하는 대부분의 사고는 병원밖이기 때문에 병원밖 심장정지 생손사슬에 대해서만 제시를 하겠다.

그림 1-54 병원밖 심장정지 생존사슬

– 출처: 대한심폐소생협회(2020)

1단계는 환자를 발견한 목격자가 심장정지 발생을 인지하고 신속히 구조를 요청
2단계는 심장정지 환자에게 목격자가 가능한 한 빨리 심폐소생술 시작
3단계는 충격필요리듬을 치료하기 위해 자동제세동기를 사용하여 제세동 하는 것
4단계는 관찰되는 심전도 리듬에 따라 제세동, 약물 투여, 전문기도유지술 등 치료를 하는 전문소생술 단계
5단계는 자발순환이 회복된 환자에게 원인을 교정하고 목표체온유지치료를 포함한 소생후 통합치료와 생존자에 대한 재활치료 진행

(1) 현장안전 확인(현장의 안전을 확인)

환자 발견 시 가장 먼저 현장이 안전한지를 확인해야 한다. 현장 안전을 확인 하지 않은 상태에서 환자에게 접근 시 2차 피해를 유발할 수 있기 때문이다. 환자에게 접근하기 전에 구조자는 현장의 안전 및 감염 등의 이상 유무를 확인한다.

현장의 안전과 상황 확인

그림 1-55 현장안전 확인

(2) 의식 확인(의식확인 및 동의절차)

안전이 확보되면 환자에게 접근 후 양 어깨를 가볍게 두드리며 "괜찮으세요?"라고 물어본다.

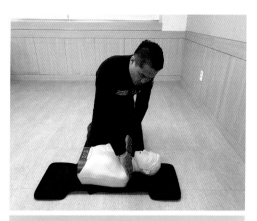

요구조자의 의식 확인

그림 1-56 의식 확인

(3) 도움 요청(119와 AED 요청)

의식이 있는 환자는 응답 혹은 행동으로 반응을 보이지만 의식이 없는 환자의 경우 심장정지 상태라고 판단을 하고 즉시 119에 신고를 하고 AED를 요청한다. 환자를 발견할 경우 주변에 큰 소리로 도움을 요청하고 다른 사람에게 119에 신고와 AED를 가져다 달라고 도움을 요청한다. 만약 주변에 아무도 없을 경우에는 직접 119에 신고를 한다.

주변사람에게 119신고 요청

주변사람에게 AED 요청

그림 1-57 도움 요청

(4) 의식 확인

심장정지 환자 발견 시 먼저 119에 신고를 한 후 의식을 확인한다. 일반인이 심장정지 환자의 의식을 확인하는 것은 매우 어려우며 이때 심장정지 상황에 대한 인지가 늦어져 가슴압박의 시작이 지연될 수 있기 때문에 일반인의 경우 반응을 확인 후 반응이 없으면 즉시 가슴압박을 시작한다.

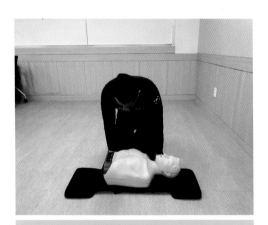
요구조자의 상태를 보고, 듣고, 느끼며 확인
(의식 확인 → 호흡 확인, 요구조자 → 환자,
얼굴색깔, 가슴, 배의 움직임 확인)

그림 1-58 의식 확인

(5) 가슴압박(30회, 5cm 깊이, 분당 100~120회 속도)

가슴압박의 위치는 환자의 가슴 정중앙(복장뼈 아래쪽 1/2)에 손바닥 뒤꿈치를 올려놓고 그 위에 다른 손을 올려 겹친 후 깍지를 낀 자세로 가슴압박을 시작한다. 성인의 경우 압박 깊이는 약 5cm, 가슴압박은 분당 100~120회 속도를 유지한다. 영아의 경우 두 손가락으로 젖꼭지 연결선 바로 아래의 흉골을 압박하며 흉곽 전후 지름(가슴 두께)의 1/3 또는 약 4cm 깊이를 유지한다. 소아의 경우 한 손 또는 두 손의 손바닥 뒤꿈치를 이용하여 흉골 아래 1/2 부분을 압박하며 약 5cm 깊이를 유지

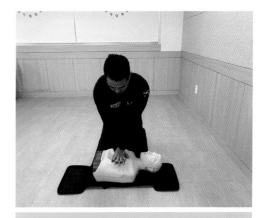

가슴압박 지점을 찾아서 가슴압박 30회 실시

그림 1-59 가슴압박

한다. 아울러 가슴압박 시 손가락 끝이 심장정지 환자의 가슴에 닿지 않도록 주의하고 팔꿈치를 펴고 체중을 이용하여 수직 방향으로 압박한다.

☑ 심폐소생술에서 나이의 정의

- 신생아: 출산한 때로부터 4주까지
- 영아: 만 1세 미만의 아기
- 소아: 만 1세부터 만 8세 미만까지
- 성인: 만 8세부터

표 1-4

대상	압박지점	압박방법	압박 깊이	압박 속도
영아	흉곽 전후 지름 (가슴 두께)의 1/3	두 손가락	약 4cm	분당 100~120회
소아	흉골 아래 1/2	한 손 또는 두 손의 손바닥 뒤꿈치	약 5cm	
성인	가슴 정중앙 (복장뼈 아래쪽 1/2)	두 손의 손바닥 뒤꿈치		

(6) 기도유지(기도개방)

한 손은 심장정지 환자의 이마에 대고 압력을 가하여 머리를 뒤로 기울게 하고, 다른 손의 손가락으로 아래턱의 뼈 부분을 머리쪽으로 당겨 턱을 받쳐두어 뒤로 기울이는 머리 젖히고-턱들기 방법으로 기도를 개방한다. 이때 인공호흡이 능숙하지 않은 사람은 기도개방을 생략하고 가슴압박소생술만 하도록 권장한다.

요구조자의 이마와 턱을 잡고 기도개방
(호흡의 양, 가슴이 올라오는 것 확인 등)

그림 1-60 기도유지(기도개방)

(7) 인공호흡

1회 호흡량은 가슴 팽창이 눈으로 관찰될 정도의 호흡량으로 호흡한다. 아울러 1회 호흡량은 1초에 걸쳐 인공호흡을 하며, 가슴압박과 인공호흡이 동시에 이루어지지 않도록 주의한다. 또한 인공호흡을 과도하게 하여 과환기를 유발하지 않도록 한다.

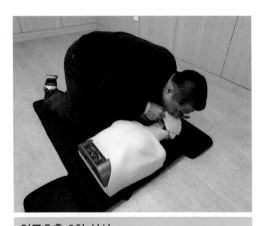

인공호흡 2회 실시

그림 1-61 인공호흡

☑ 구조호흡(rescue breathing)과 인공호흡(artificial breathing)의 차이

- 구조호흡(rescue breathing): 환자의 호흡을 확인 후 호흡이 없을 경우 기도폐쇄 유무 등을 확인하기 위해 2회의 인공호흡(숨 불어넣기)을 할 때 사용하는 방법
- 인공호흡(artificial breathing): 호흡 또는 순환이 없는 환자에게 산소공급을 위해 숨 불어넣기나 충분한 가스교환이 이루어지지 않아 호흡을 보조하기 위해 사용할 경우에 사용하는 방법

---

(8) 가슴압박 후 기도유지와 인공호흡을 연속해서 실행

가슴압박 30회-인공호흡 2회의 30:2의 비율로 지연 없이 지속적으로 환자에게 심폐소생술을 제공해야 한다. 효율적인 방법은 주변에 같이 도와줄 수 있는 동료나 주변분들에게 도움을 요청해 체력이 고갈되기 전 교대를 요청하여 함께 진행하는 것을 권장한다.

(9) 응급의료기관(119) 또는 다른 구조자가 올 때까지 계속 진행

응급의료기관 종사자가 현장에 도착하여 환자를 인계할 때까지 심폐소생술을 멈추지 않고 계속 진행한다.

그림 1-62   가슴압박부터 다시 실시

② 자동심장충격기(AED)

(1) 전원 버튼을 누른다.

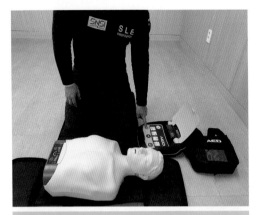

전원 버튼을 누름

그림 1-63 AED 전원버튼 ON

(2) 패드 커넥터를 본체와 연결한다.

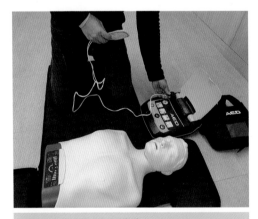

패드 커넥터를 본체 연결

※ 일반적인 AED 사용은 전원 (컴퓨터기 때문에 부팅시간
필요) – 부팅되는 동안 패드 부착 – 커넥터 연결, 커넥터
부터 연결 시 연습용 AED는 즉시 분석에 들어가기 때문
에 패드를 안붙인 상태에서 분석 중 메시지가 나옵니다.

그림 1-64 AED 패드 커넥터 연결

(3) 패드를 요구조자에게 부착한다(물기 제거).

패드는 심장에 최대의 전류를 전달할 수 있는 위치에 부착해야 한다. 패드의 정확한 위치는 우측빗장뼈하부(쇄골)와 좌측 젖꼭지 아래의 중간겨드랑선에 부착하는 전 외 위치법 방법이 일반적으로 사용된다. 다른 방법으로는 두 개의 패드를 가슴의 앞과 뒤에 부착하는 전후 위치법이나 한 패드를 흉골의 왼쪽에 부착하고, 다른 패드는 등의 견갑골 밑에 부착하는 방법 등이 있다.

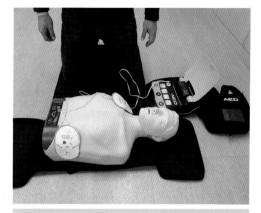

패드를 요구조자에 부착

그림 1-65 AED 패드 부착, 요구조자 물기 제거

☑ 자동심장충격기 사용 시 주의사항

• 가슴에 물기와 습기, 털을 제거 후 가운데서 바깥쪽으로 단단히 밀착하여 부착한다.
• 사용 중에는 환자접촉 금지, 감전될 수 있는 환경(금속, 물)을 피한다.
• 환자의 몸이 젖어있는 경우 환자의 가슴을 충분히 건조시킨 후 실시한다.

---

(4) 심장 분석(요구조자에게서 물러나세요)이 된다.

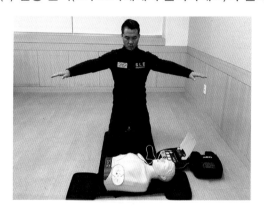

요구조자 심장 분석 중

그림 1-66 AED 요구조자 분석, 접촉금지

(5) 심장 충격버튼을 누른다(AED의 지령에 따라 심장 충격).

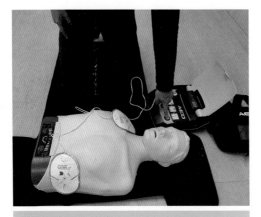

심장충격 버튼 누름

그림 1-67 AED 심장충격

(6) AED의 지시에 따라 연속해서 심폐소생술을 시행한다.

심폐소생술이 5 cycle(30:2/5회) 끝나면 자동으로 2차 심박동 분석을 시작하며 자동심장충격
이 필요 없음을 나타내면 맥박을 확인한 후 맥박이 없으면 2분간 심폐소생술을 실시하고 맥박
이 있으면 지침에 따라 행동한다.

(7) 응급의료기관(119) 또는 다른 구조자가 올 때까지 계속한다.

응급의료기관 종사자가 도착할 때까지 심폐소생술과 1회의 자동심장충격 과정을 2분마다 반
복 시행한다.

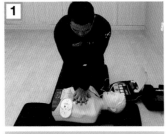

가슴압박 30회

기도개방

인공호흡 2회

그림 1-68 심폐소생술 시행

③ 기도폐쇄(성인)

(1) 기도폐쇄 환자를 확인한다.

기도폐쇄 환자 확인

그림 1-69 기도폐쇄 환자 확인

(2) 환자 확인 후 도움에 대한 동의를 구한다.

(3) "저는 응급처치 교육을 받은 사람입니다. 도움을 드릴 테니 침착하세요."

도움에 대한 동의를 구함
(동의를 구한다 → 숨쉴수 있나요? 말 할 수 있나
요? 기도폐쇄 여부를 판단하는 것이 우선입니다.
그 후 동의를 구한다)

그림 1-70 환자에게 도움 동의

(4) 기도폐쇄를 응급처치 할 수 있는 압박 자세를 준비한다(구조자는 명치 아래 주먹을 쥔 한손을 다른 한손이 감싼 후 양 다리를 앞과 뒤로 위치).

압박 자세 준비

그림 1-71 압박 자세 준비

(5) 복부 밀어내기로 기도폐쇄 응급처치를 실시한다(1초에 한번 5회 실시).

복부 밀어내기 실시(5회)

그림 1-72 복부 밀어내기 실시

(6) 이물질이 나올 때까지 환자의 상태를 지속적으로 관찰하며 실시한다.

(7) 이물질이 입 밖으로 나오면 중단한다.

환자의 상태를 주시하며 실시

그림 1-73 환자의 상태 파악

(8) 이물질이 나와서 응급처치가 완료되어도 가까운 병원으로 이동하여 진찰을 받을 수 있도록 관리한다.

(9) 만약 응급처치 중 의식을 잃으면 119에 신고하고 다른 사람들에게 위급상황을 알린 후 심폐 소생술을 즉시 실시한다.

응급처치 후 병원으로 이동

그림 1-74 응급처치 후 병원 이동

(10) 수상안전요원의 응급처치는 제한된 범위에서 시행되는 부분이 있으며 문화체육관광부 (2018)에서 발표한 응급처치 활동 중 주의사항을 숙지하여 실시한다.

표 1-5 응급처치 활동 중 주의사항, 문화체육관광부, 2018

응급처치 활동 중 주의사항
• 처치자의 안전은 조난자의 안전보다 우선한다.
• 우선적으로 응급처치 환경에 대한 안전 확인과 감염에 대한 예방 조치를 실시한다.
• 진단 또는 치료행위는 절대 하지 않는다.
• 부상자에 대한 평가와 처치는 보수적인 관점에서 실시한다.
• 부상자에 대한 생사 판단은 하지 않는다.
• 부상자에게 응급처치 전 설명을 통하여 동의를 얻는다.
• 반드시 응급처치 활동은 부상자의 2차 부상을 고려한다.
• 원칙적으로 의약품의 사용을 하지 않는다.
• 정당한 사유 없이 응급처치를 중단하지 않는다.
• 사고현장에서 원칙적으로는 부상자 이동을 절제한다.

CHAPTER

02

생존수영

CHAPTER 02
생존수영 | Survival swimming

01 생존수영 교육의 필요성

선진국들은 이미 수영 및 생존수영 교육을 20~30년 전부터 의무교육으로 채택하여 학생들뿐만 아니라 일반인들에게 교육 하고 있다. 선진국들의 수영교육은 의무화 되거나 당연시 되어 있는 사회 시스템의 일부로 단순한 체육활동 이상의 의미와 생존의 수단으로 수영교육과 함께 생존수영 프로그램을 실시하고 있다.

독일은 수영을 교육차원이 아닌 생활의 일부분으로 생각하고 평생의 활동으로 인식하고 영어, 수학교육 만큼 중요하게 다뤄지고 있다. 독일 국민들은 수영을 못하는 것은 인생에서 중요한 의미를 잃는 것과 같다고 받아들인다. 독일의 수영과정은 인명구조 자격과 수영 자격인증과정 두 가지로 나뉘며, 학교에서의 수영교육은 두 개의 과정이 적절히 합쳐진 내용으로 진행된다. 수영교육은 초등학교 2학년부터 실시하고 놀이 위주로 물에 대한 두려움을 없애고 친해질 수 있도록 한다(김준승, 2017).

우리나라는 수많은 수상사고가 빈번하게 발생하고 있다. 우리나라의 안전수준은 3.89점으로 OECD 국가 평균 4.95점에도 훨씬 못 미치고 있으며, 안전에 대한 국민의 의식이 낮아 사회전반에 안전 불감증이 만연한 것으로 나타나고 있다(안전행정부, 2013). 우리나라와 가까운 일본의 경우 생존수영이 아니라 착의영법 이라는 내용으로 실제 물에 빠진 경우를 대비하여 옷을 입은 상태에서 살아남을 수 있는 교육을 실시하고 있다. 이는 수영교육과 함께 생존에 필요한 안전교육의 차원에서 생존수영 교육이 필요하다는 의미이다.

큰 범위에서 수영교육을 모든 초·중·고등학교 학생들에게 제공할 수 있는 프로그램이 필요하며, 생존수영 프로그램은 수상사고 시 대응력이 떨어지는 초등학생들을 중점적으로 이루어질 수 있도록 생존수영 프로그램을 개박하여 전국의 모든 초등학생들이 익사사고에 대비한 생존수영 프로그램의 완성이 절실히 요구되는 상황이다(유동균, 정수봉, 2018). 수영(영법)교육과 생존수영 교육은 그 자이가 명확하지만 우리나라의 경우 아직까지도 생존수영 교육을 수영장에서 수영복을 입은 상태에서 하는 형식적인 교육으로 단순히 실시하고 있는 실정이다.

청소년을 위한 익사예방 교육은 현재에도 일반 수영장에서 발차기를 하는 형식적인 교육으로 그치고 있는 실정이다. 또한 일반적인 경영위주의 영법 교육이 익사사고를 예방시켜줄 것이라는 그릇된 인식을 가지고 있다(신은호, 2016). 생존수영과 수영영법 교육은 환경적, 본질적으로 차이가 있음에도 불구하고 수영장에서 단순하게 보여주는 수영교육과 유사한 교육 프로그램으로 생존수영 프로그램이 현재까지 진행되고 있는 상황이다(유동균, 정수봉, 2018). 이처럼 많은 선행 연구자들이 국내 생존수영 프로그램에 대한 문제점들을 자세히 지적하고 있지만 교육부의 개선점이나 프로그램은 미미한 상황이다.

따라서 2020년 생존수영 교육이 초등학교 전학년을 대상으로 시행되는 시점으로 우리나라의 생존수영 교육 현실을 인지하여 효과적인 생존수영 교육으로 1단계 1~2학년 초급 프로그램, 2단계 3~4학년 중급 프로그램, 3단계 5~6학년 상급 프로그램 그리고 전체 1~6학년 공통 프로그램으로 각 각 구분하여 유동균, 정수봉(2018)이 발표한 '선진국 생존수영 구성요인 분석을 통한 국내 생존수영 교육 프로그램 도입 방안'의 논문 내용을 기초로 재구성하여 생존수영 교육 프로그램을 제시하려 한다.

① 수상환경

수상이라는 특수성을 인지하고 수상환경에 대한 이해를 통해 수상에서 발생될 수 있는 안전사고를 사전에 예측하고 예방하는데 도움이 된다(수상구조NCS학습모듈, 교육부, 2018).

2018 교육부에서 제시한 '수상구조 NCS학습모듈'에 따르면 해수면과 내수면을 아래와 같이 정의한다.

(1) 해수면 : 수상레저안전법 제2조 7호에 따른 바다의 수류나 수면

① '바다'라는 공간은 '배(선박)'라는 해상운송수단이 상용화되면서 인류에게 많은 이로움을 준 반면, 악천후 등 해양기상의 위험요인과 선박을 운용하는 인간(항해사)의 실수 등이 결합되어 발생하는 해양사고가 늘어나면서 '바다에서의 안전'에 대한 우려가 점차 커지고 있는 추세이다.

② 또한, 경제활동 인구 증가로 공휴일·휴일을 즐기기 위한 가족단위의 물놀이객 증가와 수상레저 산업 확대로 수상레저스포츠를 즐기는 인구가 점차 증가함에 따라 해수면(바다)에서의 익사·익수 등 물놀이 사고가 빈번해지고 있는 실정이다.

(2) 내수면 : 수상레저안전법 제2조에 따른 하천, 댐, 호수, 늪, 저수지 등 그 밖에 인공으로 조성된 기수(汽水)의 수류 또는 수면

① 내수면에서의 수상활동으로는 수상레저안전법 상의 내수면(강, 호수, 계곡 등)에서 즐기는 물놀이가 대표적이며, 그 외 어업활동, 수상레저활동, 낚시 등을 들 수 있다.

② 최근에는 과거의 단순한 물놀이 정도를 벗어나 수상스키, 래프팅 등 그 형태가 매우 다양해지고 있어 내수면에서의 수상사고 발생률이 높아지고 있는 추세이며, 수상에서의 안전사고는 물놀이에 대한 안전의식 결여에 따른 기본안전 수칙을 미 준수 하는데서 비롯된다. 그러므로 우리가 알고 있는 일반적인 안전수칙을 잘 지키는 것이 안전사고를 예방하는 데 매우 중요하다.

2 수상환경에 영향을 미치는 자연현상

(1) 자연 현상에 따른 수상환경 특성

① 기상상태(바람의 세기, 풍향의 지속성, 저기압 발달 등)에 따른 극심한 변화

② 해류
- 표층류: 해수의 수평적 이동을 말함(해수 간 마찰로 생김)
- 밀도류: 수온 또는 염분에 따라 물의 밀도 차이가 나타나는 현상(수심과 지역 차이)
- 국부적 순환: 표층의 해수에 따라 그 주변이 상·하 이동하는 현상

③ 조석
지구·태양·달 사이의 인력에 의해 발생되는 기조력에 의해 해면이 12시간 25분 주기로 오르내리는 현상
- 고조(만조) / 저조(간조): 해면이 가장 높아진 시기 / 해면이 가장 낮아진 시기
- 낙조(썰물): 조석에 의해서 해면이 하강하는 상태(고조에서 저조)
- 창조(들물): 조석에 의하여 해면이 상승하는 상태(저조에서 고조)
- 조차: 고조와 저조 사이 수직거리
- 대조: 삭(음력초하루)과 망이 지난 1~3일 후 발생
- 소조: 상현(월령 7일)과 하현이 지난 1~3일 후 발생

- 조류: 조석에 의하여 해면 승강에 일어나는 수평이동
- 창조류 / 낙조류: 창조현상의 조류 / 낙조현상의 조류
- 정조: 해면의 이동이 정지된 상태
- 계류: 고조 및 저조 시 조류의 방향이 바뀌는 상태에서 정지된 상태

④ 지형
- 암초해면 아래의 깊지 않은 곳에 있는 것으로, 선박활동의 장애 요인이 됨
- 바닷물은 다양한 지형을 만들어 내며, 지형에 따라 해류 및 조류의 흐름이 형성 됨

(2) 수상환경에 영향을 미치는 기상 요소

① 기압: 지표면으로 높이 올라갈수록 감소하며, 수평방향의 기압차이가 바람을 만드는 원인
② 기온: 수상기온은 다양한 자연환경을 만들어 해면에 영향을 미침
③ 습도: 공기 중 포함된 수증기의 양
④ 바람: 바람이 불어오는 방향(풍향)과 바람의 세기(풍속), 파도를 만드는 원인
⑤ 안개: 대기 중의 수증기가 응결하여 지표 또는 해수면 가까이 작은 물방울이 떠 있는 현상
- 관측자의 가시거리를 제한하게 되어, 선박 운항에 장애 요인이 됨
⑥ 태풍: 북태평양 서부에서 발생하는 열대저기압이 발달하여 중심 부근 최대 풍속이 17m/s이상 인 강한 폭풍우를 동반한 기상현상
- 강한 폭풍우를 동반하여 선박 운항의 장애 요인이 됨

③ 해양안전사고 사례

해양안전사고 사례를 통하여 생존수영 교육의 필요성을 인식하기 위하여 사고 현황과 사례를 살펴 보려고 한다.

급격한 기상악화를 제외한 나머지 해양안전사고는 안전관리 및 의식 부족과 구조의 전문성 부족이 문제점으로 나타나고 있는 실정이다. 따라서 수상안전에 대한 의식을 강화하고, 체계화된 수상안전 교육을 위해서는 자신의 목숨은 스스로 보호할 수 있는 생존수영 교육이 절대적으로 중요하다는 판 단이다.

표 2-1 해양조난사고 발생 및 구조 총괄, 해양경찰, 2017　　　　　　　　　　　(단위: 척, 명)

구분	발생		구조		구조불능*			
					선박	인명		
	선박	인명	선박	인명		계	사망	실종
2013년	1,052	7,963	1,014	7,896	38	67	48	19
2014년	1,418	11,180	1,351	10,695	67	485**	397	88
2015년	2,740	18,835	2,639	18,723	101	122	77	35
2016년	2,839	20,145	2,775	20,047	64	98	48	50
2017년	3,160	17,336	3,102	17,228	58	108	83	25
전년대비 증감(%)	321 (11.3%)	△2,809 (13.9%)	327 (11.8%)	△2,819 (14.1%)	△6 (△9.4%)	10 (10.2%)	35 (72.9%)	△25 (△50%)

*선박 : 화재로 전소되거나 침몰하여 완전 소실된 선박
　인명 : 사고자가 최종 사망(병원 이송 후 24시간 이내 사망) 또는 실종 인원
**14년 세월호 사고 사망 · 실종자(304명) 포함

(1) 세월호 사건

　2014년 4월 15일 인천 연안여객터미널을 출발, 제주로 향하던 여객선 세월호(청해진해운 소속)가 4월 16일 전남 진도군 병풍도 앞 인근 해상에서 침몰해 304명의 사망 · 실종자가 발생한 대형 참사다. 이 사고로 탑승객 476명 가운데 172명만이 생존했고, 304명의 사망 · 실종자가 발생했다. 특히 세월호에는 제주도로 수학여행을 떠난 안산 단원고 2학년 학생 324명이 탑승해, 어린 학생들의 피해가 컸다.

　세월호는 4월 16일 오전 8시 49분경 급격한 변침(變針, 선박 진행 방향을 변경)으로 추정되는 원인으로 인해 좌현부터 침몰이 시작됐다. 그러나 침몰 중에도 선내에서는 '가만히 있으라'는 방송만이 반복됐고, 구조 작업은 이뤄지지 않았다. 이처럼 세월호 참사는 ▷엉뚱한 교신으로 인한 초기 대응시간 지연 ▷선장과 선원들의 무책임 ▷해경의 소극적 구조와 정부의 뒷북 대처 등 총체적 부실로 최악의 인재(人災)로 이어졌다.

－ 출처: [네이버 지식백과] 4 · 16 세월호 참사. 2019.05.25

(2) 해수욕장서 물놀이 20대 실종

해경 수색 중: 지난 21일 오후 8시쯤 충남 태안군 원북면 학암포 해수욕장에서 B씨(23)가 일행 C씨(22 · 여)와 함께 물놀이하던 중 실종됐다. K씨(36)는 "낚시를 끝내고 철수하려는데 어디선가 '살려 달라'는 소리가 들려 가보니 사람들이 물에 빠져 허우적거리고 있었다"며 119에 신고했다. 이들은 만조로 물이 차오르면서 파도에 휩쓸렸으며, C씨는 출동한 해경에 의해 구조됐으나 B씨는 찾지 못했다. 군해경은 경비함정과 구조정 등 6대와 헬기 2대를 동원해 실종자 수색 작업을 벌이고 있다.

– 출처: 충청일보 2018.07.22 기사

(3) 해수욕장 물놀이 사고 잇따라

바다 한 가운데 남성 한 명이 위태롭게 물살을 견디고 있습니다. 수상 오토바이를 탄 해경이 높은 파도를 헤치고 다가가 남성을 구해냅니다. 12호 태풍 '종다리'의 간접 영향으로 동해안에 높은 파도가 일어 해수욕장에서 물놀이 사고가 잇따랐습니다. 강릉 주문진 해수욕장에서 53살 한모씨가 파도에 휩쓸려 해경에 구조되는 등 해수욕객 6명이 해경과 민간 안전요원에 구조됐습니다.

– 출처: YTN 2018.07.29 기사

(4) 사원연수 감초 '사설 해병캠프'… 안전은 불안불안

2013년 사설 해병대 캠프에서 교육을 받던 5명의 고교생이 구명조끼도 못 입고 바다에 들어가 사망한 참사가 일어났지만 사설 해병대 캠프는 신입사원 교육이나 청소년들을 위한 병영 체험 프로그램을 제공하며 여전히 성업 중인 것으로 나타났다. 이들에 대한 감독 부처가 없는 가운데 안전불감증에 따른 또 다른 인명 사고에 대한 우려가 커지고 있다.

현재 공식적인 해병대 캠프는 해병대사령부에서 운영하는 하계 · 동계 캠프뿐이다. 이는 2013년 사망 사건 이후 해병대사령부가 '해병대 캠프'의 상표 등록을 특허청에 신청했기 때문이다. 그럼에도 버젓이 해병대 캠프라는 키워드로 인터넷에서 홍보하면서 영업 중인 사설 업체들이 눈에 띄고 있다.

지난달 소셜네트워크서비스(SNS)에서는 극기훈련과 병영 체험을 받는 한 식품회사 신입사원들의 연수 사진이 공유돼 화제를 모았다. 해당 업체는 사설 해병대 캠프였다.

사설 해병대 캠프와 관련한 안전기준 등을 별도 관리하는 부처는 없는 것으로 파악된다. 상당수 업체들이 청소년 대상의 병영 체험 프로그램을 운영하고 있지만 청소년 담당인 여성가족부는 "캠프와 관련해 인허가를 내지 않는다"고 말했다. 2013년 사고 후 연안사고 예방에 관한 법률이 제정돼 연안 체험활동 프로그램을 운영하는 사람과 안전관리요원은 안전교육을 필수로 받아야 한다. 그러나 사설 해병대 캠프가 해양활동 대신 레펠훈련이나 PT체조 등만 하는 경우 이 법의 적용을 받지 않는다.

일부 업체는 정부 인허가를 취득했다고 허위 광고를 하고 있었다. 기업 신입사원 교육과 청소년들을 위한 병영 체험 프로그램을 운영하는 B업체는 여성가족부와 청소년진흥원의 인허가를 받았다고 인터넷에서 홍보하고 있다. 여성가족부 관계자는 "일부 사설 업체에서 허위 광고를 하는 사실을 파악했고 시정해 달라고 명령했다"고 전했다. 여성가족부 산하 청소년진흥원은 청소년 수련활동 인증제를 운영하고 있지만 A업체의 프로그램은 인증을 받지 못했다. 청소년진흥원 관계자는 "1년에 1회 실시하는 정기단속에서 해당건을 발견하고 한차례 경고한 바 있다"고 말했다. 이 같은 허위 광고는 학교 관계자들을 현혹할 수 있다.

실제로 B업체를 통해 해병대 캠프를 지난해 12월 2박 3일간 다녀온 지방의 한 특성화고등학교 지도교사는 "B업체가 홈페이지에서 광고한 대로 정부의 인허가를 받은 줄 알았다"고 말했다.

사설 업체 캠프에서 안전사고가 날 경우 은폐될 가능성이 있다는 점도 이용자들을 불안하게 만든다. 인세진 우송대 소방방재학과 교수는 "사설 업체들을 관리하고 감독할 주체가 필요하다"며 "사설 업체 캠프의 안전 문제를 정부 차원에서 더욱 적극적으로 대응할 필요가 있다"고 말했다. 구정우 성균관대 사회학과 교수는 "기업 교육담당자가 위탁기관과 프로그램에 대한 안전 검증을 면밀하게 해야 한다"고 지적했다.

– 출처: 매일경제 2019.02.24 기사

생존수영 1단계 초급 프로그램(초등학교 1~2학년)

생존수영 1단계는 초등학교 1~2학년의 교육 프로그램으로 물 적응하기와 부모교육 그리고 기본 생존수영으로 구성하였다. 초등학교 저학년인 1~2학년의 교육은 수영장에서 기본적인 교육이 이루어지게 하여 인지능력과 발달 수준이 아직 낮은 어린이들이 쉽게 물에 적응하여 기본적인 생존수영을 배울 수 있도록 하는 것이 중요하다.

① 적응하기

(1) 물 적응하기

① 지도자는 수영장에 도착하면 현장의 시설 및 안전교육을 실시한다.

② 준비운동의 필요성과 물에 서서히 들어가야 하는 이유를 충분히 설명한다.

| 현장상황 확인 및 안전교육 | 준비운동의 필요성과 다리부터 서서히 입수해야 하는 이유 설명 |

그림 2-1 안전교육

③ 수영장 측면을 잡고 천천히 걷기를 실습한다.

수영장 측면을 가볍게 잡고 옆으로 걷기

안전을 위하여 천천히 물에 적응하며 걷기

그림 2-2 수영장 측면 잡고 걷기

④ 수영장 측면을 잡고 점프하기를 통하여 물을 인지한다.

수영장 측면을 잡고 점프 준비

안전을 위하여 적절한 높이로 점프

그림 2-3 수영장 측면 잡고 점프

⑤ 물에서 천천히 걷기를 실습한다.

그림 2-4 물에서 천천히 걷기

⑥ 물에서 자유롭게 점프하며 적응한다.

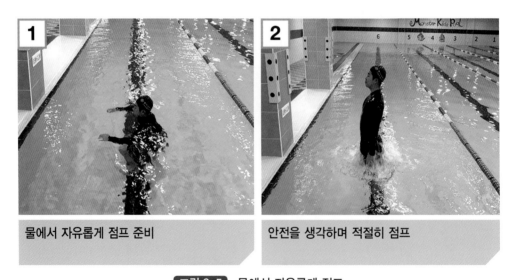

그림 2-5 물에서 자유롭게 점프

⑦ 수영장 측면을 잡고 얼굴을 물속에 넣으며 숨을 참는다(약 2~3초). 단, 강제적으로 시행하지 않고, 자율적으로 실습한다.

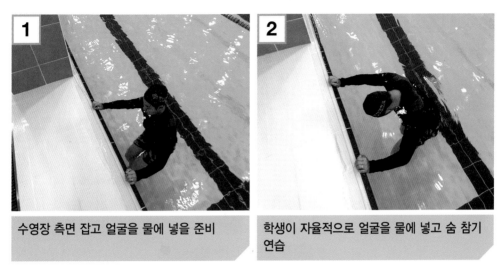

그림 2-6 수영장 측면 잡고 숨 참기

⑧ 수영장 측면을 잡고 얼굴을 물속에 넣으며, 물속에서 눈뜨기를 연습한다. 단, 강제적으로 시행하지 않고, 자율적으로 실습한다.

그림 2-7 수영장 측면 잡고 눈뜨기

⑨ 물에서 현장상황에 맞게 적절한 게임을 진행하며 물에 적응한다(공놀이, 술래잡기 등).

물에서 공놀이

물에서 술래잡기 등 다양한 물놀이

그림 2-8 다양한 물놀이

(2) 부모교육

① 이론교육 시 부모교육의 필요성에 대하여 인식시키고 현장에서 부모와 학생이 함께하는 참관수업을 유도한다(이론교육 2시간).

② 참관수업이 어려울 경우 수상안전 시청각(VCR) 자료를 활용하여 가정에서 학생과 함께 교육받도록 제공한다.

표 2-2 물놀이 안전수칙, 생존수영, 강신관, 2017

물놀이 안전수칙
·수영을 하기 전에는 손, 발 등의 경련을 방지하고자 반드시 준비운동을 한다.
·물에 처음 들어가기 전 심장에서 먼 부분부터(다리, 팔, 얼굴, 가슴 등의 순서) 물을 적신 후 들어간다.
·음주 후 수영할 때 사고발생 위험이 크므로 금지 또는 자제한다.
·수영 도중 몸에 소름이 돋고 피부가 땅겨질 때 몸을 따뜻하게 감싸고 휴식을 취한다. ※ 이 경우는 다리에 쥐가 나거나 근육에 경련이 일어나 상당히 위험한 경우가 많으므로 특히 주의한다.
·물의 깊이는 일정하지 않기 때문에 갑자기 깊어지는 곳은 특히 위험하다.
·구조 경험이 없는 사람은 안전구조 이전에 무모한 구조를 삼가야 한다.
·물에 빠진 사람을 발견하면 주위에 소리쳐 알리고 구조에 자신이 없으면 함부로 물 속에 뛰어들지 않는다.
·수영에 자신이 있더라도 될 수 있으면 주위의 물건들(장대, 튜브, 스티로폼 등)을 이용한 안전구조를 한다.
·건강 상태가 좋지 않을 때나, 몹시 배가 고프거나 식사 후에는 수영을 하지 않는다.
·자신의 수영 능력을 과신하여 무리한 행동을 하지 않는다.
·장시간 계속 수영하지 않으며, 호수나 강에서는 혼자 수영하지 않는다.

③ 저학년(1~2학년)의 경우 판단력이 부족하여 물 적응하기 교육이 실시되는 과정마다 부모와 함께 하는 교육시간을 배정하여 저학년이 물에 대한 공포심 없이 친숙하게 익힐 수 있도록 유도한다 (실기교육 2시간).

생존수영 실기교육 시 부모와 함께 교육

저학년이 부모와 함께 배우며 물에 대한 친숙함을 느끼게 함

그림 2-9   생존수영 부모 실기교육

2 기본생존수영

(1) 누워뜨기(어깨뜨기)

① 호흡을 조금 들이마신 후 몸을 뒤로 누운 상태를 만든다.

호흡을 편하게 조절하고, 몸에 힘을 빼면 몸이 뜨는 것을 설명 함

상체부위가 수면에 뜨는 것을 느끼며 천천히 호흡으로 조절

그림 2-10   누워뜨기 호흡조절

② 몸에 힘을 빼고, 편안함을 유지 할 수 있도록 지도자 또는 교육생이 서로 옆에서 보조해준다
(처음에는 목과 허리를 잡아주고 다음에는 목만 잡아주는 단계별 보조 학습이 필요).

지도자가 목과 허리를 잡아주어 누워뜨기 보조

목만 잡거나 학생 스스로 누워뜨기 할 수 있도록 지도

그림 2-11   누워뜨기 보조하기

③ 호흡을 조절하여 편하게 뜨는 방법을 지속적으로 연습 시킨다.
④ 충분한 시간을 가지고 누워뜨기 연습을 시킨다.

호흡을 조절하여 편하게 누워뜨기 할 수 있도록 연습

충분한 연습과 스스로 조절할 수 있도록 지도

그림 2-12   누워뜨기 혼자하기

(2) 균형유지

① 몸에 힘이 들어가면 물속에서 균형을 잡고, 부력을 유지하기 어렵다는 것을 교육한다.

물에서 힘이 들어가면 몸이 음성부력이 되는 것을 설명

균형유지를 위한 힘 조절의 중요성을 지도

그림 2-13 균형유지 힘 조절하기

② 몸에 힘을 빼고 균형을 잡는 연습을 충분히 시킨다.

③ 균형 잡기 연습을 통하여 물 적응력을 높이고, 균형유지 방법을 연습한다.

균형유지가 되면 몸 전체가 뜨는 것을 설명하고 연습

균형이 유지되면 편하게 장시간 물에 뜨는 것이 가능

그림 2-14 균형유지 연습하기

(3) 구명조끼 입고 뜨기 및 스컬링

① 누워뜨기와 균형유지가 가능해지면 구명조끼 착용 후 장시간(10분 이상) 뜨는 방법을 실습한다.

구명조끼 착용방법 지도	구명조끼 착용 후 장시간 편하게 누워뜨기 실습

그림 2-15 구명조끼 입고 뜨기

② 뜨는 동작이 자유로워지면 지도자는 스컬링 동작 시범을 통하여 교육한다.

스컬링 동작 시범	스컬링 동작으로 자유롭게 뜨고 이동이 가능한 것을 설명

그림 2-16 스컬링 시범

③ 스컬링은 누운 8자(○○)를 손바닥으로 자연스럽게 그리며 물에 뜨거나 천천히 이동하는 방법
이라는 것을 인지시킨다.

1	2
스컬링 동작을 교육하고 연습	스컬링 동작으로 자유롭게 이동할 수 있도록 교육

그림 2-17 스컬링 교육

④ 새우등 뜨기, 입새 뜨기 등 다양한 뜨기 방법을 추가로 연습한다.

1	2
새우등 뜨기 교육	입새 뜨기 교육

그림 2-18 다양한 뜨기 교육

(4) 장비 활용 뜨기

① 부력의 원리(음성, 중성, 양성)를 물에서 시범을 통하여 이해시킨다.

물에서 부력확보의 중요성 교육

부력도구 선별하는 방법 교육

그림 2-19 부력도구 선별하기

② 실효성 있는 교육을 위해 주변의 장비(옷, 물통 등)를 활용하도록 연습 시킨다.

다양한 부력도구를 활용할 수 있다는 것을 교육

부력도구를 활용하여 장시간 떠있기 교육

그림 2-20 부력도구 사용하기

③ 체온을 유지하며 떠있는 방법을 연습한다.

혼자 체온유지 자세 교육

여러 사람이 함께 체온유지 자세 연습

그림 2-21 부력도구 및 체온유지

④ 옷을 입은 상태에서 떠있는 방법을 연습한다.
⑤ 옷 속으로 물이 유입되는 것을 최소한으로 한다.

착의상태에서 뜨는 방법 교육

착의상태에서 뜨는 방법 실습

그림 2-22 착의상태 뜨기

생존수영 2단계 중급 프로그램(초등학교 3~4학년)

생존수영 2단계는 초등학교 3~4학년의 교육 프로그램 기초수영으로 구성하였다. 기초수영은 수영(영법)의 개념이 아닌 생존수영 교육에 필요한 자연스러운 수영으로 물에서 오랫동안 떠있거나 유지하기 위하여 필요한 실질적인 생존영법을 배운다.

1 기초수영

(1) 입수 및 출수

① 사다리를 활용한 입수방법 및 안전 입수방법을 연습한다.

사다리를 활용한 입수 교육

안전을 확보하고 입수 교육

그림 2-23 안전한 입수

② 상황별 입수방법(선박, 절벽 등) 또는 주변 환경에 맞는 입수방법을 연습한다.

현장상황에 적절한 입수방법 교육	입수방법 시범 및 연습

그림 2-24 상황별 입수방법

③ 안전한 출수방법을 보고, 연습한다.

④ 긴급한 상황에서 빠르게 출수하는 방법을 연습한다.

안전한 출수방법 교육	긴급한 상황을 연출하여 출수 교육

그림 2-25 안전한 출수방법

(2) 호흡

① 얼굴을 자연스럽게 물속에 넣기와 일정시간(약 5초 이상) 잠수 연습을 한다.

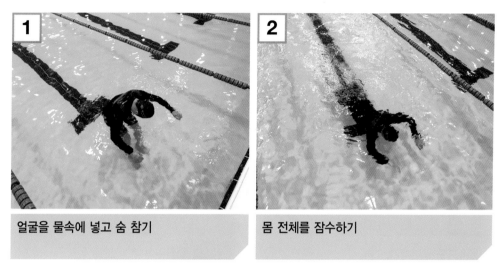

얼굴을 물속에 넣고 숨 참기

몸 전체를 잠수하기

그림 2-26 숨 참고 잠수하기

② 얼굴을 물속에 넣고 코로 내쉬고(음), 얼굴을 물 밖으로 내밀며 입으로 마시기(하)를 연습한다.

③ 숨이 차지 않도록 적당히 내쉬고, 마시며 호흡을 편하게 조절하도록 반복하여 연습한다.

물속에서 코로 호흡 내쉬기(음)

물밖에서 입으로 호흡 마시기(하)

그림 2-27 음-하 호흡연습

(3) 물속으로 들어가기

① 숨을 참고 물속으로 들어가기를(약 10초 이상) 연습한다.

② 강제로 연습 시키지 않고 자연스럽게 물속에 들어갈 수 있도록 한다.

물속으로 들어가기 | 자연스럽게 잠수할 수 있도록 유도

그림 2-28 물속으로 들어가기

③ 물속에 어린이들이 호기심을 느낄 수 있는 장난감 등을 넣어서 물속에서 자연스럽게 머무르는 시간이 늘어나도록 유도한다.

④ 물속에 들어가도 호흡을 조절하면 생존할 수 있다는 인식을 심어주어 공포심이 생기지 않도록 교육한다.

지도자가 먼저 물속으로 들어가 호기심을 유도하여 잠수 하도록 지도 | 물속에 장난감을 넣어서 자연스럽게 물속에 머무르도록 유도

그림 2-29 물속에서 공포심 극복

(4) 발차기 및 팔돌리기

① 수영장 측면에서 편안한 발차기(자유형) 연습을 한다.

지도자는 수영장 측면에서 자유형 발차기 연습 지도

몸에 힘을 빼고 스스로 동작이 이루어지도록 유도

그림 2-30   자유형 발차기

② 수영장 측면에서 적절한 팔돌리기(자유형)를 연습한다.

지도자는 수영장 측면에서 자유형 팔돌리기 연습 지도

편안한 자유형 팔돌리기 연습

그림 2-31   자유형 팔돌리기

③ 물에 들어가 킥판을 잡고 편안한 발차기(자유형)를 연습한다.

킥판을 잡고 자유형 발차기를 할 수 있도록 지도자의 연습 지도

킥판 또는 맨몸으로 자유형 발차기 연습

그림 2-32 자유형 발차기 연습

④ 물에 들어가 킥판을 잡고 자유로운 팔돌리기(자유형)를 연습한다.

킥판을 잡고 자유형 팔돌리기 연습

킥판 또는 맨몸으로 자유형 팔돌리기 연습

그림 2-33 자유형 팔돌리기 연습

⑤ 완벽한 자유형 보다 생존에 적합하게 편안한 생존영법이 가능하도록 교육한다.

자유형 연습

편안하게 할 수 있는 자유형 연습

그림 2-34 자유형 연습

(5) 배영

① 누워뜨기 후 균형유지를 연습한다.

지도자는 누워뜨기 후 균형유지를 연습 지도

배영을 배우기 위한 준비 과정으로 연습

그림 2-35 누워뜨기 및 균형유지 연습

② 수영장 측면에서 편안한 발차기(배영) 연습을 한다.

| 수영장 측면에서 배영 발차기 교육 | 수영장 측면에서 배영 발차기 연습 |

그림 2-36 배영 발차기 교육

③ 누워 뜬 상태에서 가슴부위에 킥판을 잡고 배영 발차기로 이동하는 연습을 한다.

④ 배영 발차기가 가능해지면 킥판을 사용하지 않고 연습한다.

| 지도자는 가슴부위에 킥판을 잡고 배영 발차기 연습을 하도록 지도 | 부력도구를 사용하지 않고 맨몸으로 배영 발차기 연습 |

그림 2-37 배영 발차기 연습

⑤ 킥판을 잡고 팔을 머리 위로 올려 팔돌리기와 배영을 연습한다.

⑥ 킥판을 사용하지 않고 배영을 연습한다.

지도자는 킥판을 잡고 한손씩 배영 팔돌리기를 하도록 연습 지도

부력도구를 사용하지 않고 맨몸으로 배영 연습

그림 2-38 배영 연습

⑦ 누워 뜬 상태에서 스컬링으로 이동하거나 방향 전환을 연습한다.

지도자는 학생이 누워뜨기 상태에서 스컬링 연습을 지도

스컬링으로 이동 및 방향전환 연습

그림 2-39 누워뜨기 스컬링 이동 및 방향전환

(6) 평영

① 평영은 장시간 유영이 가능한 생존수영 이라고 설명한다.

② 평영 팔동작과 발동작을 물 밖에서 연습한다.

지도자는 평영이 생존수영에 가장 적합한 영법 이라는 것을 지도

평영 발동작과 팔동작을 물 밖에서 연습

그림 2-40 평영 물 밖에서 연습

③ 평영 팔동작과 발동작을 물에서 연습한다.

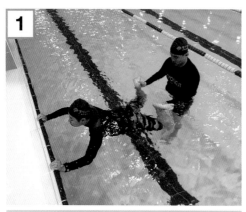

지도자는 평영 발동작을 물에서 지도

지도자는 평영 팔동작을 물에서 지도

그림 2-41 평영 물에서 연습

④ 평영 연결동작을 연습(팔동작 한번과 발동작 한번으로 교차되는 동작)한다.

⑤ 편안한 평영(개구리헤엄)을 하도록 연습한다.

| 지도자는 평영 연결동작 연습 지도 | 편안한 생존영법 평영으로 연습 |

그림 2-40 평영 물 밖에서 연습

생존수영 3단계는 초등학교 5~6학년의 교육 프로그램으로 생존 및 구조로 구성하였다. 생존 및 구조는 생존수영 교육을 완성하는 단계로 자기구조와 함께 다른 사람의 구조를 도와서 함께 생존하는 방법을 중심으로 구성 되었다.

수영장과 현장(바다, 강, 호수 등)에서 실질적인 생존수영 교육이 이루어질 수 있도록 교육기관에서는 노력이 필요하다.

1 생존 및 구조

(1) 자가 구조 및 생존

① 갑작스러운 상황에서 물에 빠지는 연습을 한다.

② 교육생이 당황하지 않도록 사전에 안전교육 실시 후 연습한다.

현장에서 사전에 물에 빠지는 연습의 필요성과 방법 교육

갑작스럽게 물에 빠지는 연습

그림 2-43 물에 빠지는 연습

③ 물에 빠지면 부력을 유지하는 방법을 연습한다.

스스로 부력을 유지하는 방법 교육

다양한 부력도구를 활용한 부력유지 연습

그림 2-44 부력유지 연습

④ 생존을 위한 다양한 체온유지 방법을 연습한다(몸 움츠리기, 다른 사람 껴안기, 장비 껴안기 등).

혼자 체온 유지하는 방법 교육

다른 사람과 껴안고 체온유지 방법 연습

그림 2-45 체온유지 연습

⑤ 주변에 위급상황을 효과적으로 알리는 방법을 교육한다.

침착하게 위급상황을 알리는 방법을 교육하고 실습

효과적으로 위급상황을 알리는 방법 연습

그림 2-46   위급상황 알리기 연습

⑥ 긴장하지 않고 천천히 얕은 수심으로 퇴수하는 방법을 연습한다.

현장에서 낮은 수심으로 퇴수하는 방법 교육 및 실습

주변의 환경을 고려하여 안전하게 퇴수하는 방법 연습

그림 2-47   낮은 수심으로 퇴수

(2) 착의 생존수영

① 평상시 옷을 착용한 상태에서 생존수영의 필요성을 교육한다.

② 저체온증 예방을 위해서 옷을 벗는 것이 아니라 옷을 활용하여 부력을 확보할 수 있는 방법을 교육한다.

③ 음성의 옷과 양성의 옷을 설명하고 착의수영을 실습한다.

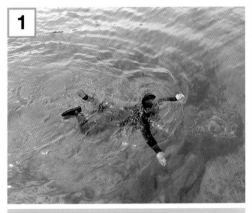

저체온증 예방을 위한 착의 생존수영 교육의 필요성 교육

음성 또는 양성의 옷을 설명하고 착의 생존수영 실습

그림 2-48 착의 생존수영 설명

④ 옷을 착용한 상태에서 오래 떠서 생존하는 방법을 실습한다.

⑤ 옷 또는 부수적인 물건들을 부력도구로 활용하는 방법을 교육한다.

착의 상태에서 물에 오래 떠서 생존하는 방법 교육

옷 또는 부수적인 물건을 부력도구로 활용하는 방법 교육

그림 2-49 착의 생존수영 교육

(3) 생존기술(이론교육)

① 주변의 물건을 활용하여 부력도구 및 간접구조 도구를 만드는 방법을 실습한다(로프 매듭법 교육, 일상 장비를 이용한 구명도구 만들기 교육 등).

② 생존에 필요한 지식을 이론교육하고, 생존기술 교육시 현장에서 질문한다.

③ 생명은 소중하다는 인식을 심어주고, 부상시 대처요령을 교육한다.

④ 저체온증 이론교육 및 이에 대한 효율적인 대처방안을 교육한다.

부력도구 및 간접구조 도구를 만드는 방법 교육 후 실습

생존에 필요한 기초지식 및 생명의 중요성 이론교육

그림 2-50 부력도구 및 간접구조 도구 교육

(4) 구조기술(간접구조)

① 주변에 구체적인(119신고 및 현재상황) 위급상황을 알리는 방법을 실습한다.

② 자신의 안전을 우선 확보해야 하는 이유를 설명하고 교육한다.

주변에 구체적으로 위급상황을 알리는 방법 실습

구조자의 안전을 우선 확보해야하는 이유 설명 및 자기보호 교육

그림 2-51 현장에서 구조기술 교육

③ 간접구조 도구를 활용하여 요구조자에게 건네주는 방법을 실습한다.

| 현장에 있는 구조 도구를 활용하여 간접구조 준비 | 요구조자에게 구조 도구 건네주기 실습 |

그림 2-52 현장에서 간접구조 교육

(5) 구조기술(직접구조)

① 주변에 신속하게 위급상황을 알리고, 직접구조에 필요한 장비를 활용하는 방법을 현장에서 실습한다.

② 구명조끼를 착용하고 자신의 안전이 확보된 직접구조(장비활용)의 필요성을 인지시킨다.

| 주변에 위급상황늘 일리고 현장에 있는 구조 장비를 확인 | 구조자의 안전 확보를 위한 구명조끼 착용 후 장비활용 교육 |

그림 2-53 현장에서 구조기술 실습

③ 구조자의 안전을 위하여 구명조끼 착용 후 직접구조를 실습한다.

④ 직접구조는 장비구조 장비(레스큐튜브) 건네주기로 실습한다.

구조자는 구명조끼 착용 후 레스큐튜브 건네주기 실습

레스큐튜브를 건네주고 안전지대로 이동하는 교육

그림 2-54 직접구조 실습

05 생존수영 공통 프로그램(초등학교 1~6학년)

생존수영 공통 프로그램은 초등학교 1~6학년 전학년 교육으로 응급처치 및 수상안전교육을 구성하였다. 공통 프로그램은 이론교육을 중심으로 전학년이 매년 주기적으로 교육을 이수하여 안전문화를 확산하고, 안전 불감증을 예방하는데 중점을 둔다.

표 2-3 장소별 안전수칙, 생존수영, 강신관, 2017

장소별 안전수칙
1. 수영장에서
·수영장의 출입문을 열고 닫을 때에는 항상 조심한다.
·초보자는 자신의 가슴보다 높은 물에는 들어가지 않는다.
·얕은 곳에서는 다이빙을 하지 않는다.
·물의 깊이는 일정하지 않기 때문에 갑자기 깊어지는 곳은 특히 위험하다.
·수영장 안으로 유리컵이나 병을 가지고 들어가지 않는다.
·음식을 바로 먹고 물속으로 들어가면 위경련의 위험이 있으므로 충분히 소화를 시킨 후에 들어간다.
·손, 발 등의 경련을 방지하기 위해 반드시 준비운동을 하고 물에 들어간다.
·수영장에서 물놀이 도중 물속에서 소변을 보거나 침을 뱉으면 물이 오염되어 피부병 등이 생길 수 있으므로 주의하고 물속에 들어가기 전후로 반드시 몸을 씻도록 한다.
·수영장 바닥은 미끄러울 수 있으므로 뛰지 말고 조심한다.
2. 바닷가에서
·모래를 다른 사람에게 뿌리면 눈에 모래가 들어갈 수 있으므로 주의한다.
·모래 속에 날카로운 물질(조개껍데기, 뾰족한 돌, 깨진 유리병 등)이 묻혀 있을 수 있으므로 항상 아쿠아슈즈를 신고 다니도록 한다.
·혼자서 먼 바다까지 가지 않는다.
·물놀이를 하 기 전에 자외선 크림을 바르고 햇볕이 심할 때에는 그늘에서 쉬는 것이 좋다.
·자신의 허리보다 깊은 물에는 들어가지 않는다.

- 물의 흐름이 느려지는 항구나 거품이 많은 곳 등은 해파리가 자주 발견되므로 피하고 만일 해파리에 쏘였을 경우 바닷물로 세척하고 촉수가 남아있으면 수건이나 카드 등으로 들어 올리듯이 제거하고 병원에 간다.

3. 계곡과 강에서

- 계곡과 강 주변에는 돌과 바위가 많으므로 다이빙을 하지 않는다.

- 물의 깊이를 모를 때에는 배꼽까지만 들어간다.

- 물살이 센 곳에서는 수영을 하지 않는다.

- 물가 가까이에 텐트를 치지 않는다.

- 고기 잡는데 열중하다가 깊은 곳으로 가지 않도록 조심한다.

- 춥게 느껴지면 곧바로 물 밖으로 나와서 쉬도록 한다.

- 만약 신발이나 물건이 떠내려가면 절대 혼자 따라가서 건지려 하지 말고 어른들에게 도움을 청하도록 한다.

4. 갯벌에서

- 어민들이 갯벌 출입을 위해 만들어 놓은 진입로가 있는 경우에는 진입로를 이용해 출입하며, 진입로부터 멀리 떨어진 곳은 출입하지 않는다.

- 갯벌에 갯골이 있는 경우 갯골을 넘어가지 않는다. 밀물 시 갯골에 물이 먼저 차오르기 때문에 수심이 깊어져 넘어오지 못하는 경우가 있으며 갯골 주변의 갯벌은 물이 많이 머물고 있어 발이 빠지는 경우가 많으니 접근하지 않는다.

- 갯벌에는 절대로 어린이 혼자 들어가지 않도록 하며 어른도 혼자 들어가지 않는다.

- 갯벌에 발이 깊이 빠진 경우 빠지면 반대 방향으로 엎드려 기어 나오며, 안내인의 도움을 받는다. 위급한 경우 119의 도움을 받는다.

- 갯벌에는 맨발로 들어가지 않는다. 발에 잘 맞는 장화를 착용하며 샌들을 착용할 때 반드시 양말을 착용한다. 갯벌에는 어패류의 패각 등이 있어 맨발로 출입하면 심한 상처를 입을 수 있다.

- 갯벌체험 시 갑자기 안개가 끼면 밀물 시간과는 관계없이 즉시 갯벌에서 나오고, 방향을 잃었을 때는 갯벌에 조류 때문에 생긴 물결모양 결(연흔)의 방향을 살펴보고 경사가 완만한 연흔의 직각 방향으로 나오면 육지 쪽으로 나올 수 있다.

1 응급처치 및 수상안전교육(전학년 프로그램)

(1) 응급처치

① 응급처치의 중요성을 상기 시키는 사례를 소개하고, 이론을 교육한다.

② 이론교육 시 실시한 응급처치를 실습한다(CPR, AED 필수).

③ 저체온증 환자의 경우 젖은 옷을 벗기고 마른 옷이나 담요 등으로 체온을 유지시키는 방법을 교육한다.

응급처치 교육의 중요성 및 심폐소생술(CPR)과 자동심장충격기(AED) 사용방법 교육

물속에서 생존 후 저체온증 예방을 위한 체온 유지 방법 교육

그림 2-55 응급처치 교육

(2) 응급상황관리

① 다양한 응급상황을 접할 수 있는 사례와 이론을 교육하고 토론한다.

② 응급상황 발생 시 침착하게 구조기관에 우선 신고하도록 교육한다.

③ 응급상황 시 상황에 맞게 움직이도록 교육한다(현장확인→환자확인→구조요청).

다양한 응급상황 사례 교육 및 토론

응급상황 시 적절한 신고요령 및 대처요령 실습

그림 2-56 응급상황관리 교육

표 2-4 상황별 대처방법, 생존수영, 강신관, 2017

상황별 대처방법
1. 파도가 있는 곳에서 수영할 때
· 체력 소모가 적게 편안한 기분으로 수영한다. (긴장하면 그 자체로서 체력소모가 발생한다.)
· 머리는 언제나 수면상에 내밀고 있어야 한다.
· 물을 먹지 않으려고 기를 쓰고 참기보다 마시는 쪽이 오히려 편안할 수도 있다.
· 큰 파도가 덮칠 때는 깊이 잠수 할 수록 안전하다.
· 지쳐서 휴식을 할 때는 바람이 부는 방향에 따라 다르다. (눕거나, 선헤엄)
· 큰 파도에 휩싸였을 때는 버둥대지 말고 파도에 몸을 맡기고 숨을 중지해 있으면 자연히 떠오른다.
· 파도가 크게 넘실거리는 곳은 깊고 파도가 부서지는 곳이나 하얀 파도가 있는 곳은 일반적으로 얕다. 또 색이 검은 곳은 깊고, 맑은 곳은 얕다.
· 간조와 만조는 대개 6시간마다 바뀌므로 간만 때의 조류변화 시간을 알아두는 것은 대단히 중요하다. 조류가 변할 때는 언제나 흐름이나 파도, 해저의 상태가 급격하게 변화하게 한다.
· 거센 파도가 밀려났을 때는 파도에 대항하지 말고 비스듬히 헤엄쳐 육지를 향한다.
· 수영가능지역이라는 표시가 있는 곳에서 수영을 하고 파도가 높은 곳에서는 물놀이를 하지 않는다.

2. 경련이 일어났을 때

- 경련이 일어나면 먼저 몸의 힘을 빼서 편한 자세가 되도록 하고(당황해서 벗어나려고 하면 더 심한 경련이 일어난다.) 경련 부위를 주무른다. 특히 위경련은 위급한 상황이므로 신속히 구급요청을 한다.

3. 내가 물에 빠졌을 때

- 흐르는 물에 빠졌을 때는 물의 흐름에 따라 표류하며 비스듬히 헤엄쳐 나온다.

- 옷과 구두를 신은 채 물에 빠졌을 때는 심호흡을 한 후 물속에서 새우등 뜨기 자세를 취한다.

- 벗기 쉬운 것부터 차례로 벗고 헤엄쳐 나온다.

4. 계곡물이 갑자기 불어날 때

- 계곡을 건너야 할 때 물결이 완만한 장소를 골라서 될 수 있으면 바닥을 끌듯이 이동한다.

- 시선은 건너편 강변 둑을 바라보고 건너야 한다.

- 이동 방향에 돌이 있으면 될 수 있으면 피해서 간다.

- 나무 막대기 등 다른 물체를 이용해 물의 깊이를 재면서 이동한다.

- 물의 흐름에 따라 이동하되 물살이 셀 때는 물결을 약간 거슬러 이동한다.

- 건너편 하류 쪽으로 밧줄(로프)을 설치하고 한 사람씩 건넌다.

- 밧줄(로프)은 물 위로 설치한다. 밧줄이 없을 때 여러 사람이 손을 맞잡거나 어깨를 지탱하고 물 흐르는 방향과 나란히 서서 건넌다.

5. 수초에 감겼을 때

- 수초에 감겼을 때는 부드럽게 서서히 팔과 다리를 움직여 풀어야 한다.

- 만약 물 흐름이 있으면 흐름에 맡기고 잠시 조용히 기다리면 감긴 수초가 헐거워지므로 이때 털어버리듯이 풀고 물 밖으로 나온다.

- 발버둥 치면 더 휘감겨서 위험에 빠질 수 있으므로 침착하게 여유를 갖고 호흡하며 서서히 부드럽게 몸을 수직으로 움직이면서 헤엄쳐 나오도록 한다.

6. 해파리에 쏘였을 때

- 즉시 물 밖으로 나온다. 환자 또는 보호자가 안전요원에게 알린다.

- 쏘인 부위를 손으로 만지거나 문지르지 않는다.

- 안전요원이 오기 전까지 바닷물로 세척한다.

- 단, 눈에 쏘였을 경우 바닷물로 세척하지 않는다.

- 세척 후에도 촉수가 남아있을 경우 신용카드나 핀셋으로 제거한다.

- 손으로 뽑거나 조개껍데기 등 오염된 물체는 사용을 금한다.

- 통증이 지속되거나 온몸이 아플 경우 즉시 119에 신고하고 병원에 간다.

7. 보트를 탈 때

- 보트에 들어갈 때는 배를 도크나 강변에 나란히 대놓고 안정시키고 배 뒷쪽에서 양손으로 뱃전을 잡고 배 위의 바닥으로 발을 천천히 옮긴다.

- 배 안에서 균형이 잡히면 중심을 낮춘 자세로 자리를 이동한다.

- 보트에서 나올 때는 보트에 들어갈 때와 반대로 하고 내릴 때 뒷발이 배를 강 쪽으로 밀지 않도록 유의한다.

- 물속으로 떨어졌을 때는 즉시 수면으로 올라와 배를 붙잡아야 하고 잠시 휴식한 후 배 뒤쪽으로 돌아와서 몸을 솟구쳐 상체부터 올려놓는다.

8. 다른 사람이 물에 빠졌을 때

- 즉시 큰 소리로 인명구조요원과 어른에게 알리고 119에 신고한다.

- 절대로 구하려고 함부로 물에 뛰어들지 않는다.

- 레스큐튜브(구명튜브), 구명조끼, 장대 등을 던져준다.

- 튜브가 없는 경우 윗도리, 바지, 넥타이 등을 줄 형태로 묶는다.

- 주변에 음료수 페트병이나 물에 뜰 수 있는 슬리퍼를 끝에 묶어서 던져주면 잡고 나오기가 쉽다.

- 구조한 뒤에는 체온이 떨어지지 않도록 젖은 옷을 벗기고 마른 옷이나 수건 등으로 몸을 따뜻하게 감싸 마사지 해준다.

9. 어린이 물놀이 활동 시 유의사항

- 어른들이 얕은 물이라고 방심하게 되는 그곳이 가장 위험할 수 있다.

- 거북이, 오리 등 각종 동물 모양의 튜브나 보행기 등 다리를 끼우는 방식의 튜브사용은 뒤집힐 경우 아이 스스로 빠져나오지 못하고 머리가 물속에 잠길 수 있다.

- 보호자의 활동 범위 내에서만 안전이 보장될 수 있으며, 어린이는 순간적으로 익사할 수 있다는 점을 명심해야 한다.

- 어린이와 관련된 수난사고는 어른들의 부주의 및 감독 소홀에 의해 발생할 수 있다.

- 인지능력 및 신체 적응력이 떨어지는 유아 및 어린이들은 보호자의 손을 뻗어 즉각 구조가 가능한 위치에서 감독해야 한다.

- 활동 반경이 넓어지는 만 6~9세 이하 어린이들은 보호자의 통제권을 벗어나려는 경향을 보이므로 사전 안전교육 및 주의를 주어 통제한다.

(3) 수상안전교육

① 수영장, 강, 바다 등 현장 환경에 따라 다른 수상안전의 필요성을 교육한다.

② 구명조끼 착용방법 및 기초 구조장비 사용방법을 교육한다.

③ 수상안전을 위한 의식 및 교육의 필요성을 강조하고 교육한다.

다양한 현장 환경에 따른 수상안전교육

구명조끼 및 각종 구조장비 사용방법 교육

그림 2-57 수상안전교육

(4) 수상안전지식

① 안전하게 물놀이 하는 방법을 교육한다.

② 수상사고 사례교육을 통하여 수상안전지식을 향상 시킨다.

③ 수상안전지식에 필요한 기초자료를 제공하고, 교육한다.

④ 안전 불감증의 위험성을 인지시키고, 안전교육 필요성을 강조한다.

그림 2-58 안전하고 즐거운 물놀이

수상안전 응급상황별 대처 방법

수상안전 응급상황별 대처 방법

01 안전한 물놀이

국민소득 향상 및 주5일 근무의 정착으로 다양한 여가생활을 즐기는 가운데 단순히 즐기고 쉬는 문화에서 다양한 공간을 적극적으로 활용하는 여가 만족도가 중요하게 판단되는 문화로 패러다임이 변화함에 따라 여름철 단순 물놀이 공간이었던 수영장, 유원지, 계곡, 저수지, 해수욕장 등이 수상스포츠, 수상레저 및 각종 이벤트 공간으로 다기능적 역할에 이용되고 있다. 이로 인하여 안전사고의 개연성, 이해관계의 대립이 증가하고 있으며, 수상레저 활동이 증가함에 따라 점차적으로 수상안전사고가 늘어나고 있고, 그로 인하여 인명피해도 동시에 증가하고 있다. 여기서 발생하는 인명피해는 재산상 피해와 비슷한 수준으로 장기적으로는 국가적으로 손해를 끼치게 된다.

이에 사회 전반에 수상안전에 대한 경각심이 고취되면서 수상안전 교육과 생존수영에 대한 관심이 증가하고 있다. 이러한 범국민적 인식에 부응하고자 중앙 및 공공기관에서는 국가적 차원에서 수상안전 교육의 활성화를 위해 다각적인 정책적 제도적 시도와 개선방안을 마련하고 있다. 따라서 수상안전에 관한 다각적인 분석을 통해 효율적인 홍보와 교육활동이 이루어져야 할 필요성이 있으며, 생존수영 교육은 사고유형 및 현황을 인지하고 사전 예방 및 사후 처리방법에 대해 체계적이고 실제적인 훈련을 통해 수상안전에 대한 전문지식과 실기능력을 보유하고 실천함에 중점을 두는 교육과정을 마련해야 한다.

일본에서 수영교육의 중요성이 강조된 계기는 1955년 시운마루호 침몰사건 이후로 볼 수 있다. 시운마루호 침몰사건으로 청소년들의 단체 익사사고가 사회적 문제로 큰 파장을 일으킨 이후 다양한 사고 발생의 가능성을 상정해 실제 사망자수를 줄이기 위한 교육을 시행하고 있다(조형민, 2015). 즉, 수영을 잘하는 방법만 가르치는 한국 수상안전 교육과는 근본적으로 다른 시각으로 일본은 생존수영 교육에 접근하고 있다. 단순히 수영하는 방법만 배워서는 실제 안전사고에 대응하기 어렵다. 바다나 강, 선박, 계곡 등 익사사고가 발생할 수 있는 상황별 생존 방법을 교육하고 몸소 익히는 체험이 절실히 필요한 시점이다.

상황별 대응 방법을 익히는 이유는 익사사고는 잔잔한 물에서 물안경을 쓰고 수영하는 수영장과는 상황 자체가 전혀 다르기 때문이다. 수영을 익힌 어린이라도 바다와 강에서 조금만 파도가 치면 당황하거나 허둥댈 수밖에 없다. 수영강습 때 자유형, 평영 등 영법뿐만 아니라 상황에 맞는 수상안전 교육을 병행해야 하는 이유다.

해양경찰청에서 보고한 2019년 해상조난사고 통계연보를 보면 다양한 장소에서 사고가 발생하는 것으로 나타났다. 특히, 다양한 장소에 있어 해안가에서 발생하는 사고가 가장 높았으며 그 중에서도 고립자가 가장 높은 비중을 나타났다. 고립자는 어떠한 변을 당하여 어떤 곳에 갇히게 되는 사람을 의미하는데, 이는 생존수영의 필요성을 다시 한 번 강조하게 되는 통계지표로 해석할 수 있다.

표 3-1 유형별 비선박사고 현황(장소별)　　　　　　　　　　　　　　　　　(단위: 명)

구분	익수자	고립자	표류자	추락자	기타	계
갯바위	14	162	0	13	3	192
갯벌	3	50	0	4	21	78
방파제	38	19	8	28	2	95
테트라포드	5	3	0	23	0	31
항포구	131	7	6	35	11	190
해안가	187	205	88	29	33	542
해수욕장	92	87	98	0	14	291
해상	59	1	44	8	59	171
기타	8	81	3	14	11	117
계	537	615	247	154	154	1,707

－ 출처: 해양경찰청(2019)

이와 더불어 장소별 사망 및 실종, 부상을 보면 해안가에서 가장 높은 사망 사고가 발생하였고, 그 다음으로 해상과 항포구 순으로 나타났다.

표 3-2 장소별 사망 및 실종, 부상 현황

인명피해 ＼ 장소	갯바위	갯벌	방파제	테트라포드	항포구	해안가	해수욕장	해상	기타	계
사망	5	2	9	2	35	51	19	39	3	165
실종	2	0	2	0	1	3	0	8	1	17
부상	17	1	17	14	27	29	6	8	5	124

－ 출처: 해양경찰청(2019)

아울러 질병관리본부(2020)는 2015~2018년 동안 23개 「응급실 손상환자 심층조사」 참여병원 응급실에 익수(물에 빠짐)사고로 내원한 환자 사례 조사 결과를 발표했다〈그림 3-1〉.

최근 4년 동안 23개 참여병원 응급실에 내원한 전체 익수사고 환자는 673명으로 남자가 474명(70.4%), 여자가 199명(29.6%)으로 남자가 여자보다 약 2.4배 정도 많았다. 연령별로 사고는 9세 이하의 소아(198명, 29.4%)에서 많이 발생하였다. 시기별로 여름(6~8월, 47.3%)에 사고가 많고, 특히 7월에 2.5배로 급증하였다. 주중보다는 주말에 발생 빈도가 높고, 오후(12~18시)에 집중적으로 발생하였다. 활동별로 여가활동(47.8%)과 일상생활(27.6%) 중에 주로 발생하였다. 장소별는 바다와 강을 포함하는 야외(56.2%)에서 대부분 발생하였고, 그 외 목욕시설(10.4%), 수영장 시설(10.3%), 집(7.4%)에서도 다수 발생하였다.

따라서 안전한 해양문화 조성과 안전인식 재고를 위해 물놀이 안전수칙 및 상황별 장소에 적합한 사고예방 및 대응방법에 대해 숙지하여 개개인의 안전은 스스로가 지킬 수 있도록 인식 함양과 안전교육이 절실히 요구된다.

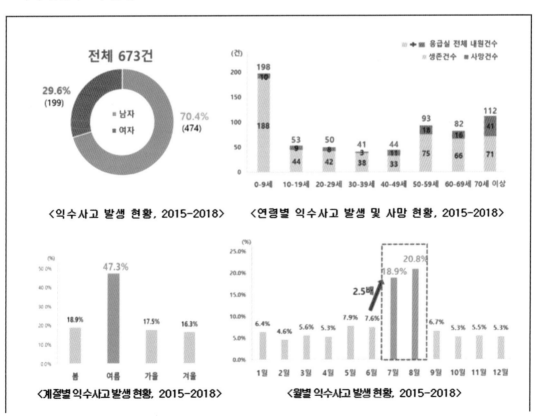

<익수사고 발생 현황, 2015-2018> <연령별 익수사고 발생 및 사망 현황, 2015-2018>

<계절별 익수사고 발생 현황, 2015-2018> <월별 익수사고 발생 현황, 2015-2018>

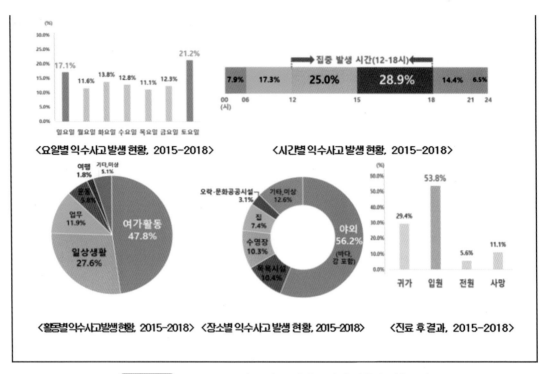

<요일별 익수사고 발생 현황, 2015-2018>   <시간별 익수사고 발생 현황, 2015-2018>

<활동별 익수사고 발생 현황, 2015-2018> <장소별 익수사고 발생 현황, 2015-2018>   <진료 후 결과, 2015-2018>

그림 3-1 2015~2018년 동안 23개 응급실 손상환자 심층조사

– 출처: 질병관리본부(2020)

1 안전한 물놀이 기본수칙

그림 3-2 안전한 물놀이를 위한 기본수칙

– 출처: 질병관리본부(2018)

여름이 되면 더위를 피하고자 해수욕장과 계곡 등으로 피서를 향하는 분들이 많다. 탁 트인 해변과 시원한 계곡은 여름휴가를 맞은 피서객들에게 인기가 많은 곳이다.

하지만 신나고 즐거워야 할 휴가가 여러 사고로 인해 엉망이 될 수 있다. 많은 인파가 모이는 만큼 물놀이 사고도 끊이지 않기 때문이다. 통계를 살펴보면 최근 5년간 때 이른 무더위 등으로 6월 초순부터 물놀이 사고가 자주 발생한다고 한다. 국립공원관리공단에 따르면 물놀이 익사 사고의 절반 이상이 음주 물놀이로 인한 사고라고 한다. 일반적으로 술을 마시면 심장박동이 빨라지고, 혈관이 늘어나게 되는데 이때 찬물에 들어가면 늘어났던 혈관이 급격하게 수축해서 심장에 부담을 전달해 심장마비가 발생할 수 있다고 한다.

아울러 질병관리본부의 조사에 따르면 물놀이 사고로 응급실에 내원한 환우 중 0~12세에 해당하는 어린이의 경우 익수사고 발생률이 55.8%로 상인 38%의 1.5배 수준에 달한다고 한다. 어린이 익수사고는 보호자가 방치하거나 잠시 한눈을 판 사이에 갑자기 발생하는 경우가 많다. 발생 이후 사고를 수습하다가 아이와 구조자 모두 위험할 수도 있으며, 그 과정에서 신체적, 정신적 손상과 충격을 입을 수 있으니 자녀와 물놀이를 함께할 때는 다는 때보다 몇 배의 주의를 기울이는 것이 좋다. 그렇다면 여름철 물놀이 안전사고를 예방하기 위한 안전수칙에 대해 살펴보도록 한다.

(1) 물놀이 사고 예방을 위한 어린이용 안전 수칙

① 물놀이를 할 때 항상 어른과 같이 물에 들어간다.
② 물놀이를 할 때는 반드시 구명조끼를 착용한다.
③ 물놀이를 하기 전에는 충분한 준비운동을 한다.
④ 물에 들어가기 전에 심장에서 먼 곳부터 물을 적신다.
⑤ 식사를 한 후 바로 물에 들어가지 않는다.
⑥ 물놀이를 하면서 사탕이나 껌 등을 씹지 않는다.
⑦ 정해진 곳에서만 물놀이를 한다.
⑧ 파도가 높거나 물이 세게 흐르는 곳, 깊은 곳에서는 수영하지 않는다.
⑨ 계곡이나 강가, 바닷가에서는 잠금장치가 있는 샌들을 신는다.
⑩ 수영장 근처에서 뛰어다니지 않는다.

(2) 어른용 물놀이 안전 수칙

① 물놀이를 할 때는 반드시 자녀와 함께 물에 들어간다.

 * 자칫 심각한 위험에 빠지거나 물놀이 중 마주칠 수 있는 위험상황에서 빠르게 대처하기 위함

② 물 근처에 자녀를 혼자 두거나 형제끼리 남겨두고 자리를 비우지 않는다.

③ 물놀이 할 때는 아이 몸무게에 맞는 안전 인증을 받은 구명조끼를 입힌다.

④ 물속에 들어가기 전에는 반드시 준비운동을 한다.

⑤ 식사 전,후에는 물놀이를 하지 않도록 지도한다.

⑥ 너무 오랫동안 물놀이를 하지 않도록 한다.

⑦ 물놀이 30분 후에는 반드시 휴식을 취할 수 있도록 한다.

⑧ 계곡이나 강가, 바닷가에서는 잠금장치가 있는 신발을 신겨준다.

2 물놀이 위험구역 및 취약구역

(1) 물놀이 안전사고가 발생하였거나 위험요소가 많아 안전사고가 지속적으로 발생할 가능성이 아주 큰 구역으로 재난관리책임기관의 장이 시설의 사용 금지와 입수통제가 필요하다고 판단하여 관리하는 지역으로서 경고 표지판이나 출입 통제 또는 금지 표지판이 설치된 곳을 의미한다〈그림 3-3〉.

(2) 물놀이에 위험한 곳은 다음과 같고 위험구역(취약구역)에서 마음대로 수영이나 물놀이를 하지 않도록 해야 한다.

① 수심이 급격하게 변하거나 유속이 빠르고 격류가 발생하는 강 · 하천

② 바위나 돌이 바닥에 많아 수영 중 부딪힐 위험이 있는 장소

③ 수심이 자기 키 높이를 초과하거나 높은 파도가 있는 장소

④ 수심이 4m 이하일 경우 점프나 다이빙은 위험한 장소

⑤ 수상스키, 모터보트 등 수상레저기구를 활용한 수상 레저 활동의 안전을 위하여 수영금지 구역으로 지정된 장소

경 고 문

이 지역은 관계법령에 따라 갯벌 체험활동이 제한되는 지역으로
안전사고 예방을 위해 일체의 출입을 금지합니다.

20   .   .

○ ○ 군 수 (시 장)

○ ○ 해 양 경 찰 서 장

[참고]
풍랑표지판

수영금지	다이빙금지	수상스키금지	깊은수심 주의	수심변화주의
수 영 금 지 No swimming	다이빙 금지 No diving	수상스키 금지 No water skiing	깊은 수심 주의 Warning : Deep water	급격한 수심변화 주의 Warning : Sudden drop
높은파도주의	얕은수심주의	급류주의	구명복 착용	
높은 파도 주의 Warning : High surf	얕은 수심 주의 Warning : Shallow water	급 류 주 의 Warning : Strong current	구 명 복 착 용 Wear life jacket	

그림 3-3 물놀이 금지 표시판

– 출처: 해양경찰청(2019)

3 물놀이 안전사고 사례

(1) 수영 금지 구역에서의 물놀이 사고 사례

경북 영양군 수비면 수하리 하천은 생태보전구역으로 수심이 깊고, 물살이 빨라 물놀이 안전사고가 예상되어 수영 금지 구역으로 지정된 곳이나, 이 지역에 놀러온 외지인이 이를 무시하고 물놀이를 하다가 1명이 사망하였다.

(2) 다급한 마음에 무모하게 직접 구조하려다 사고를 당한 사례

전북 부안군 변산면 대항리 변산 해수욕장 인근 해변에서 고무보트를 타고 놀다가 높은 파도에 뒤집혀 어린이가 물에 빠지자, 삼촌이 구조하려 들어갔다가 조카가 잡고 늘어져서 2명이 모두 사망하였다.

(3) 해안 지역 갯골에서의 사고 사례

전북 김제시 진봉면 심포리 갯벌에서 가족과 함께 갯벌체험을 즐기던 어린이 1명이 조수간만의 차가 큰 갯골의 실정을 모르고 갯골 조개잡이를 하러 들어갔다가 조류에 휩쓸려 사망하였다.

(4) 무리하게 물놀이 장비를 주우려다 발생한 사고 사례

가평군 북면의 계곡에서 60대 여성 A씨가 고무보트를 타고 놀다가 보트의 노를 놓쳐 이를 주우려다가 물에 빠진 뒤 급류에 휩쓸려 숨졌다.

4 물놀이 안전 행동 요령

(1) 물놀이 이전에 먼저 하여야 할 수칙

① 햇빛 차단 크림을 바르고 수영 모자를 착용한다.
② 준비운동을 반드시 하고 음주 후나 식사 직후 수영은 하지 않는다.
③ 무에 들어갈 때는 심장에서 먼 부분(다리, 팔, 얼굴, 가슴 등의 순서)부터 몸에 물을 적신 후 천천히 들어간다.

(2) 어린이 물놀이 안전을 위해 주의해야 할 것들

① 보호자는 어린이를 항상 확인 가능한 시야 안에서 놀도록 한다.

② 친구를 밀거나 물속에서 발을 잡는 장난을 하지 않는다.

③ 신발 등의 물건이 떠내려가도 절대 혼자 따라가서 건지려 하지 말고 어른에게 도움을 요청한다.

(3) 물놀이 할 때 주의해야 할 것들

① 물 깊이를 아는 곳에서만 물놀이를 하고 점프나 다이빙을 할 때는 적어도 수심이 4m 이상인 곳에서 한다.

② 다음의 증상이 있으면 물놀이를 중지하고 물 밖으로 나온다.

- 몸이 떨리거나, 입술이 푸르고 얼굴이 땅기는 증상이 있을 경우
- 다리에 쥐가 나거나 피부에 소름이 돋을 경우
- 비가 오거나 천둥, 번개가 칠 경우

③ 물놀이 중에는 껌이나 사탕 등 음식물을 먹지 않는다.

④ 수상스키나 보트를 탈 때는 반드시 안전 조끼를 착용한다.

⑤ 위급할 때는 팔을 최대한 높이 올리고 흔들어 도움을 요청한다.

⑥ 사람이 물에 빠졌을 때는 직접 구하려 하지 말고 주위 물건(줄, 긴 막대, 튜브, 스티로폼 등)을 이용하고 즉시 119(해상 122) 또는 1588-3650으로 신고한다.

02 상황별 대처방법

대부분의 가정과 직장에서는 무더위를 식하고 가정과 직장의 활력을 도모하기 위해 가족, 연인과 함께 계곡, 바다등지로 휴가를 떠나곤 한다. 즐거워야 할 여름휴가에 한 순간의 부주의로 안전사고와 심지어 목숨을 잃는 안타까운 소식을 우리는 뉴스를 통해 쉽사리 접하곤 한다. 이런 사고의 대부분은 안전수칙을 지키지 않아 일어나는 사고가 많다.

행정안전부 통계에 따르면 최근 5년(14~18년)간 6월에서 8월의 여름철 물놀이 안전관리기간 중 총 165명의 사망자가 발생했다. 특히, 휴가 기간인 7월 중순부터 8월 중순 사이에 사고가 집중되어 발생하였고, 전체 사망자의 75%(123명)를 차지하고 있다. 사망원인별로 살펴보면 수영미숙 31%(51명)으로 가장 많고 안전부주의 22%(36명), 음주수영 17%(28명) 등 순으로 나타나고 있다. 이러한 사고는 장소 및 환경에 따라 다양하게 발생하며 이러한 상황에 따라 대처하는 방법도 다양하다. 이에 상황별 대처방법에 대해 알아보도록 하겠다.

1 의식 없는 사고자를 구하였을 때

① 구조요원 또는 119에 아직 신고되어 있지 않다면 신고한다.

② 가장 먼저 인공호흡을 실시한다.

- 구조하면서 수중에서도 곧바로 실시해야 한다.

③ 물을 빼고자 복부 또는 등을 누르는 행위는 하지 않는다.

- 사고자의 위 속에 있는 물과 음식물을 오히려 역류시켜 기도를 막을 수 있다.
- 구토물이 기도를 통해 폐에 흡수되어 흡인성에 걸릴 가능성이 있기 때문에 물을 빼는 것이 더 위험할 수 있다.
- 인공호흡이 늦어지게 되므로 그만큼 사고자의 소생가능성이 작아진다.
- 이후의 응급처치 요령은 일반적인 심폐소생술 요령과 동일하다.
- 만약을 위해 자녀의 연령에 맞는 심폐소생술 요령을 반드시 알아둔다.

☑ **물에 빠진 사람을 안전하게 구하는 방법**

- 직접 구하기 위해 물속에 들어가지 않는다.
- 튜브, 아이스박스, 구명조끼, 비치볼과 같은 물건을 던져준다.
- 수상안전 요원이나 주변 사람들에게 도움을 요청한다.

---

2 파도가 있는 곳에서 수영할 때

① 물을 안 먹으려고 애쓰기보다는 다소 마시게 되더라도 체력 소모를 줄이도록 편안한 상태를 유지하는 것이 안전하다.

② 머리는 수면 상위에 내밀고 큰 파도가 덮칠 때는 깊이 잠수할수록 안전하다.

③ 체력이 다하여 움직일 수 없거나 지쳤을 때 배영, 선 헤엄 등으로 휴식을 취하면서 파도에 몸을 맡기는 것이 안전하다.

④ 큰 파도에 휩싸이거나 밀려났을 때는 파도에 안 떠밀리료고 애쓰지 말고 파도에 몸을 맡긴 체 숨을 멈추면 자연히 떠오르므로 그 상태로 비스듬이 헤엄쳐 육지를 향하는 것이 안전하다.

3 수초에 감겼을 때

① 수초에 감겼을 때는 부드럽게 서서히 팔과 다리를 움직여 풀어야한다.

② 물 흐림이 있으면 흐름에 맡기고 잠시 기다리면 감긴 수초가 헐겁게 되므로 이때 털어 버리듯이 풀고 수상으로 나온다.

③ 놀라서 발버둥 칠 경우 오히려 더 휘감겨서 위험에 빠질 수 있다.

④ 침착하게 여유를 가지고 호흡하며, 서서히 부드럽게 몸을 수직으로 움직이면서 꾸준히 헤어 나오도록 한다.

4 경련이 일어났을 때

① 경련은 물이 차거나 피로한 근육에 일어나기 쉽고 수영하는 사람은 수영 중 그러한 상황에 항시 놓여 있으므로 흔히 발생한다.

② 경련이 잘 일어나는 부위는 발가락과 손가락이고 넓적다리 부위에서도 발생하며, 식사 직후 (약 30분 이내) 수영 시는 위경련이 일어날 수 있다.

③ 경련이 일어나면 먼저 몸의 힘을 빼서 편한 자세가 되도록 하고(당황하여 벗어나려고 하면 더 심한 경련 발생) 경련 부위를 마사지해 준다.

5 하천이나 계곡물을 건널 때

① 물결이 완만한 장소를 선정하여, 될 수 있으면 바닥을 끌듯이 이동하는 것이 안전하다.
  - 시선은 건너편 강변 둑을 바라보고 건너야 한다.

② 이동 방향에 돌이 있으면 될 수 있으면 피해서 가는 것이 안전하다.

③ 지팡이 등으로 수심을 재면서 이동한다.
  - 지팡이는 약간 상류 쪽에 짚는다.

④ 물의 흐름에 따라 이동하되 물살이 셀 때는 물결을 약간 거슬러 이동한다.

6 무릎 이상의 깊은 급류를 건널 때

① 건너편 하류 쪽으로 밧줄(로프)을 설치하고 한 사람씩 건너도록 한다.

② 밧줄은 물 위로 설치하고 밧줄이 없을 때 여러 사람이 손을 맞잡거나 어깨를 지탱하고 물 흐르는 방향과 나란히 서서 건너도록 한다.

7 내가 물에 빠졌을 때

① 흐르는 물에 빠졌을 때는 물의 흐름에 따라 표류하며 비스듬히 헤엄쳐 나온다.
② 옷과 구두를 신은 채 물에 빠졌을 때는 심호흡을 한 후 물속에서 새우등 뜨기 자세를 취한 다음 벗기 쉬운 것부터 차례로 벗고 헤엄쳐 나온다.

8 보트를 탈 때

① 보트에 들어갈 때는 배를 도크나 강변에 나란히 대놓고 안정시킨 상태에서 배 뒤쪽에서 양손으로 뱃전을 잡고 배 위의 바닥으로 발을 천천히 옮긴다.
② 배 안에서 균형이 잡히면 중심을 낮춘 자세로 자리를 이동한다.
③ 보트에서 나올 때는 보트에 들어갈 때와 반대로 하고 내릴 때 뒷발이 배를 강 쪽으로 밀지 않도록 유의한다.
④ 물속으로 떨어졌을 때는 즉시 수면으로 올라와 배를 붙잡아야 하고 잠시 휴식한 후 배 뒤쪽으로 돌아와서 몸을 솟구쳐 상체부터 올려놓는다.
⑤ 모든 승선자는 반드시 구명조끼를 착용한다.

9 물놀이 중 해파리에 쏘였을 때

① 물놀이 중 해파리에 쏘이면 수돗물이나 식수로 씻으면 안 된다.
② 상점에서 장갑과 식염수를 구매해 장갑을 끼고 쏘인 부위에 붙어있는 해파리의 촉수를 떼어내고 식염수를 쏘인 부위에 뿌려서 해파리의 자포를 비활성 시킨 후 30분 정도 지난 후 남아있는 자표를 떼어내면 된다.

10 침수 및 고립되었을 때

① 부유물 등을 이용하며, 특히 배수구나 하수구에 빠지지 않도록 유의한다.
② 도로 중앙지점을 이용하고 될 수 있으면 침수 반대 방향이나 측면 방향으로 이동한다.
③ 자기 체온 유지에 관심을 둬야 하며 무리한 탈출 행동을 삼간다.
④ 가능한 모든 방법을 이용하여 구조 신호를 한다(옷이나 화염 등 이용).
⑤ 가능하다면 라디오나 방송을 청취하여 상황에 대처한다.

03 장소별 안전한 물놀이 기본수칙

1 수영장

그림 3-4 금호스포츠센터 수영장

수영장 안전은 참가자의 신체활동 능력과 상관없이 대처능력을 기대할 수 없기 때문에 많은 예방과 관심이 필요하다. 수영 활동에 있어서 장소의 특성상 익사사고 및 시설물 안전사고 등 생명을 위협할 수 있는 다양한 위험들에 노출되기 쉬우므로 체계적인 안전점검만이 사고를 예방할 수 있다.

수영장 안전사고는 평상시 지속적인 관리를 통해 감지되고 예방되어야 응급상황 발생 시 신속하게 초기대응을 할 수 있다. 수영장내에서 물에 빠진 익수자나 과도한 운동으로 급성심정지 상황이 발생하여 응급상황을 발견한 사람은 수영장 근무자 이외에도 일반인이 될 수 있다. 이처럼 응급상황이 발생 된다면 숙련된 전문가라도 당황하게 마련이며 일반인이라면 대처방법을 몰라 초기대응이 늦어져 더 큰 인명사고를 불러오게 된다. 따라서 수영장에서 안전을 확보하기 위한 기본수칙에 대해 숙지가 필요하다.

☑ **수영장에서 안전을 위한 기본수칙**

- 바닥이 물기로 미끄러우므로 뛰지 않고 걸어서 다닌다.
- 물속에서 심한 장난을 하지 않는다.
- 수영장에서 물놀이 도중 물속에서 소변을 보거나 침을 뱉지 않도록 하고 물에 들어가기 전에는 꼭 몸을 씻도록 한다.
- 수영 모자와 물안경을 쓴다. 수영모를 쓰면 물에 머리카락이 빠져 더러워지는 것을 막을 수 있고, 물안경을 쓰면 눈병을 예방할 뿐만 아니라, 물속에서는 눈을 뜨고 다닐 수가 있기에 다른 사람과 부딪히는 것을 피할 수 있다.
- 눈병이나 귓병이 난 어린이는 물놀이를 하지 않는다. 눈병은 물을 통해 다른 사람에게 전염되고, 귓병이 있을 때는 귓속에 물이 들어가 상처가 악화된다.

② 바닷가

그림 3-5 속초해수욕장

– 출처: 네이버검색(2021)

여름철 물놀이 장소로 최고인 바닷가는 매년 끊이지 않는 물놀이 사고가 발생한다. 이처럼 해수욕이나 물놀이를 즐기다보면 위험한 상황을 인지하지 못하거나 응급상황에 빠지기도 한다.

하지만 바다에서는 아무리 안전수칙을 잘 지킨다고 해도 예측하기 어려운 상황들이 많이 발생한다. 특히 무방비 상태에서 너울성 파도에 의한 피해사례가 급증하고 있는 상황이며, 이안류 상황을 접하게 된다면 수영을 잘하는 전문가라도 위급상황을 쉽게 벗어나기는 어려울 것이다. 따라서 바닷가에서 물놀이 사고를 예방하려면 무엇보다 자신의 안전은 스스로 지킨다는 생각으로 다음과 같은 안전수칙을 잘 지켜야 한다.

(1) 바다란

① 일반적으로 파도가 크게 넘실거리는 곳, 바다색이 검은 곳은 깊고, 파도가 부서지는 곳, 하얀 파도가 있는 곳은 얕다.

② 간조와 만조는 대체 6시간마다 바뀌므로 간만 때의 조류변화 시각을 알아두는 것은 대단히 중요하다.

③ 조류가 변할 때는 언제나 물흐름이나 파도, 해저의 상태가 급격하게 변하므로 웬만큼 자신이 있더라도 이 시간대의 물놀이는 제한다.

(2) 너울성 파도

① 너울성 파도란

그림 3-6 너울성 파도

– 출처: 네이버검색(2021)

- 너울은 파도 중에서 직접적으로 일어난 파도가 아닌 바람에 일어난 물결을 말한다.
- 풍랑이 저기압이나 태풍의 중심 부근을 떠나서 잔잔한 해면이나 해안에 온 경우, 또는 바람이 갑자기 그친 후의 남은 파도 등이 이에 해당한다.
- 바람을 동반하는 일반 파도와 달리 바람이 불지 않아도 크게 발생하고 쉽게 눈에 띄지 않는다.
- 바람이 잔잔하다가 갑작스럽게 방파제와 해안가로 너울이 밀려오는 경우가 많아 매우 위험한 것으로 알려졌다.

② 너울성 파도 사고 예방 및 대처법

- 방파제나 해안가 출입 시 기사예보를 미리 확인한다.
- 파도가 높거나 사고가 발생한 해안가는 출입을 자제한다.
- 주의방송이 나올 경우, 즉시 위험지역을 이탈한다.

- 절대로 아이들만 바닷가에 내보내지 말고, 반듯이 구명조끼, 튜브 등 안전 장비를 챙긴 후 물놀이를 한다.
- 만약 파도에 휩쓸려 갔을 경우 온몸에 힘을 빼고 물 위에 떠 있는 상태로 구조대원을 기다린다.
- 사고를 목격했을 경우 즉시 119로 신고하고 부력이 있는 물건을 던져 요구조자가 구조세력이 올 때 까지 버틸 수 있게 도와준다.

☑ 파도가 있는 곳에서 대처방안

- 머리는 언제나 수면 상에 내밀고 있다.
- 큰 파도가 덮칠 경우 깊이 잠수할수록 안전하다.
- 큰 파도에 휩싸였을 경우 버둥대지 말고 파도에 몸을 맡기고 숨을 잠시 참고 있으면 자연히 떠오른다.
- 파도가 크게 넘실거리는 곳은 깊고 파도가 부서지는 곳이나 하얀 파도가 있는 곳은 일반적으로 얕다.
- 색이 검은 것은 깊고, 맑은 곳은 얕다.
- 간조와 만조는 대개 6시간마다 바뀌므로 간만 때의 조류변화 시간을 알아두는 것은 대단히 중요하다.
- 조류가 변할 때는 언제나 흐름이나 파도, 해저의 상태가 급격하게 변화하게 된다.
- 거센 파도가 밀려났을 때는 파도에 대항하지 말고 비스듬히 헤엄쳐 육지를 향한다.

---

(3) 이안류

① 이안류란

그림 3-7 해운대 해수욕장

－ 출처: 네이버검색(2021)

- 해안으로 들어온 바닷물이 해안으로 넓게 퍼지면서 흐르지 않고 갑자기 바다쪽으로 빠르게 빠져나가는 현상을 말한다.
- 밖에서 보면 물살이 서서히 빠져나가는 것처럼 보이지만 안에서는 강한 파도를 거슬러 가는 물상을 만나게 되는 것이어서 강한 힘에 휩쓸리게 된다.

② 이안류 대처법

해안선이 불규칙하고 암반(모래를 쓸고 내려갈 수 없음)이 존재하거나 방파제가 있는 곳은 연안류의 에너지 집중화를 저해하여 이안류가 형성되지 않는다.

이안류에 휩쓸려 바다 쪽으로 떠내려가게 되면 긴장하지 말고 해류가 흐르는 방향을 거슬러 수영하지 말고 침착하게 해변을 향해 45도 각도로 수영을 하여 빠져나와야 한다.

만약 탈출할 수 없다면 물에 떠있거나 선헤엄(입영)을 하고 튜브를 타고 있다면 절대 튜브를 놓치지 말고 손을 들어 구조를 요청한다.

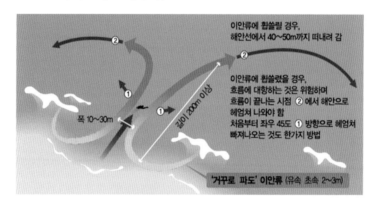

그림 3-8 이안류에 대한 설명

– 출처: 서울신문(2010)

☑️ **바닷가에서 안전을 위한 기본수칙**

- 물의 깊이는 배꼽정도가 적당하다.
- 물살이나 파도를 확인하고 입수한다.
- 물건이나 신발이 떠내려가면 반드시 어른에게 도움을 청하도록 지도해주세요.
- 수영금지 지역에서는 물놀이하지 않도록 지도한다.
- 모래 속에 조개껍데기, 뾰족한 돌과 같이 날카로운 물질이 묻혀 있을 수 있으므로 항상 신발을 신고 다니도록 한다.
- 쉽게 벗겨지는 슬리퍼보다는 장금 장치가 있어 잘 벗겨지지 않는 신발이 좋다.
- 파도가 높은 곳에서는 물놀이하지 않는다.

☑ 바다에 빠졌을 때 생활 안전 수칙

- 체온 유지는 필수
  - 두 다리를 뜨고 웅크린 자세에서 손은 구명조끼를 감싸고 옷은 벗지 말기
- 바닷물에서 배영
  - 배영 자세로 드러누우면 바닷물 밀도가 높아 부력으로 사람 몸을 뜨게 하기
- 바닷물은 절대 마시지 말기
  - 목이 마르다고 바닷물을 마시면 탈수증이 생기기 쉬움
- 오랜지색 구명조끼 착용은 필수
  - 오랜지색 구명조끼와 구명정은 바다의 검푸른 색과 가장 잘 대비돼 눈에 뛰기 쉬움

33~35℃	경도 저체온증	떨림 현상, 피부에 '닭살'로 불리는 털세움근 수축현상, 피부 창백, 입술 청색, 자꾸 잠을 청하거나 발음이 부정확해짐, 외부 자극에 느려짐
29~32℃	중증도 저체온증	혼수상태, 심장 박동과 호흡이 느려짐 근육 떨림 멈추고 뻣뻣해짐, 동공 확장
28℃ 이하	중도 저체온증	혈압 떨어지고 의식 잃음, 부정맥 유발되어 심정지 발생

그림 3-9 저체온증으로 인한 인체의 증상

– 출처: 해양경찰청(2018)

3 계곡 또는 강

그림 3-10 계곡

– 네이버검색(2021)

계곡은 지역 특성상 다양한 위험요소가 존재하기 때문에 계곡에서 물놀이를 즐길 때는 다음 사항을 주의해야 한다.

☑ 계곡에서의 주의사항

- **들쑥날쑥한 수심 변화**
  계곡은 바닥의 바위 등으로 수심이 불규칙하여 갑자기 깊어지는 곳이 있어 큰 사고로 이어질 위험성이 높아 구명조끼를 반드시 착용한다.

- **빠른 유속**
  예상치 못하게 유속이 갑자기 빨라지는 지역에서 물에 휩쓸려 내려갈 위험이 있어 주변에 도움을 받을 사람이 있는 곳에서 물놀이를 한다.

- **다이빙 금지**
  심이 일정하지 않기 때문에 다이빙 시에 물속 바위에 부딪쳐 머리와 척추에 큰 손상을 입을 수 있어 다이빙은 절대해서는 안 된다.

- **워터슈즈 등 신발 착용, 맨발금지**
  날카로운 돌이나 나뭇가지, 깨진 유리병 등 발을 베일 수 있는 물건이 많고, 이끼로 미끄러질 수 있어 신발 착용은 필수다.

☑ 계곡 및 강에서 안전을 위한 기본수칙

- 만약 계곡에서 야영지를 선택할 경우 물이 흘러간 가장 높은 흔적보다 위쪽에 있도록 한다.
- 대피할 수 있는 고지대와 대피로가 확보된 곳을 선정하며 낙석과 산사태 위험이 없는 것으로 선택한다.
- 계곡이나 강가에서 물놀이 할 때는 물이 맑고 깨끗한지 살펴본다.
- 물살이 센 곳에서는 균형을 잃고 물에 휩쓸려 떠내려갈 수 있으므로 물놀이를 하지 않는다.
- 만약 신발이나 물건이 떠내려가면 절대로 혼자 따라가서 건지려 하지 말고 어른들에게 도움을 청하도록 한다.
- 비가 오거나 바람이 부는 날에는 물놀이를 하지 말고 계곡이나 강 가까이 가지 않는 것이 안전하다.

그림 3-11 계곡에서의 주의사항

– 대한민국 정책브리핑(2019)

④ 보트(선박)

그림 3-12 보트

2019년 5월 29일 헝가리 수도 부다페스트 다뉴브강에서 한국인 관광객 33명을 태운 유람선이 크루즈선과의 충돌로 침몰한 사고를 말한다. 이 사고로 35명의 탑승객(한국인 33명 · 현지인 승무원 2명) 중 27명이 사망(한국인 25명, 헝가리인 2명)했고, 1명(한국인)이 실종됐다. 2014년 세월호 참사 이후 해상사고에 대한 충격이 가시지 않았는데 해외에서 발생한 유람선 침몰은 다시금 안전사고에 대한 경각심을 일깨우는 계기가 되었다.

익수자의 경우 육상 조난자에 비해 25배의 빠른 속도로 체온손실이 일어나기 때문에 화재 또는 침수선박으로부터 탈출 시 의복이나 신체가 젖지 않게 사다리 또는 강하식 탑승장치를 이용햐야 한다. 구명펫목(Life Raft) 또는 구명정(Life Bpat)으로 탈출하는 것이 중요하며 해상생존의 핵심 사항은 신체 또는 의복이 젖지 않게 하는 것이다.

(1) 보트 및 선박에 탑승 시 바로 확인해야 할 3가지

① 나에게 가까운 비상구를 찾는다.

② 위급상황 시 머무르는 장소는 갑판 위 구명정(구명보트) 주변이다.

③ 구명조끼 위치를 확인한다.

그림 3-13 보트 탑승시 확인해야 할 3가지 사항

(2) 위급상황으로 배에서 뛰어내려야 할 때

① 주위에 부유물을 확인한다.

② 왼손으로 코를 잡고, 오른손으로 왼팔을 누르며 구명조끼의 옷깃을 잡는다.

③ 다리는 꼬아서 상방 15도 시선으로 뛰어내린다.

④ 배에서 100~200m 멀어진다.

⑤ 몸을 웅크려 열손실을 최소화한다.

⑥ 여러 사람이 같이 모여 보온효과와 함께 공포심을 이겨낸다.

그림 3-14 위급상황으로 배에서 뛰어내려야 할 때

– 대한민국 정책브리핑(2019)

5 갯바위

그림 3-15 갯바위

– 네이버검색(2021)

최근 갯벌에서 해루질을 하거나 갯바위 낚시를 하다가 밀물에 고립된 뒤 구조되는 사고가 잇따르고 있다. 아울러 해안가 갯바위에서 관광객들이 미끄러져 넘어지거나, 낚시꾼들이 바다로 추락하는 사고가 적지 않게 일어나고 있다. 지난 5년간(2015~2020) 충남 서해안에서 발생한 연안사고 590여 건 가운데, 갯벌이나 갯바위 고립사고는 335건으로 56%를 차지해 가장 많았으며 사망이나 실종자도 13명이나 됐다. 사고를 당하는 사람은 주로 위험지대나 물때 등 그 지역 사정을 모르는 행락객이 대부분이며, 특히 갯바위 낚시꾼들이 주변 상황을 제대로 인식하지 못할 만큼 낚시에 집중하며, 물때를 미리 확인하지 않아 갯바위에 고립되거나 사고를 당하는 경우가 많았다.

이처럼 접근이 쉬운 갯바위에서 사고가 끊임없이 발생하고 있으나 그렇다고 이들 갯바위를 일일이 통제하는 건 불가능한 상황이며 이는 결국 개개인이 안전에 대한 경각심을 가질 필요가 있다는 것으로 접근할 수 있다.

■ 갯바위 사고 예방 요령

① 물 때 시간 미리 확인, 들물 시간 알람 설정해 놓는다.
- 낚시 하시는 분들은 물때를 항상 확인하고 들물 시간 알람은 필수이다.

② 기상정보 수시로 확인하고 기상 악화 시 활동을 자제한다.
- 날씨가 좋지 않으면 바다에 가지 않는다.
- 비가 오는 날에는 갯바위가 미끄러우니 가지 않는다.

③ 안내판 준수사항 지키며 출입금지 구역은 유의해서 들어가지 않는다.

④ 상시 주변 상황을 살핀다.

⑤ 위험시 대비 호루라기 및 랜턴 휴대 그리고 체온 보온용 담요를 준비한다.

⑥ 물에 잠긴 흔적이 있는 갯바위에서는 활동을 금지한다.

⑦ 만인에 사고에 대비하여 2인 이상 함께 활동한다.

⑧ 주변사람에게 행선지 및 일정을 미리 공지한다.

그림 3-16 갯바위 사고 예방 요령

– 해양경찰청(2019)

그림 3-17 갯벌

– 네이버검색(2021)

최근 갯벌 체험교육이 늘어나고 있는 추세로 갯벌체험의 신비함만 기억하다가 밀물 때 물오름의 위험을 간과하여 갯벌 수난사고가 빈번하게 일어나고 있다. 갯벌 수난사고의 예방 및 대응요령을 숙지하고 있다면 안전하게 야외활동을 할 수 있을 것이다. 갯벌 수난사고는 해산물 채취의 재미에 빠져 밀물이 밀려 들어오는 것을 미처 인지하지 못하여 바다에 고립되는 경우 등을 말한다.

밀물이 밀려들어오기 시작하면 상상 이상으로 그 속도가 빠르다. 서해안의 밀물속도는 시속 10km가 넘는다고 한다. 이 속도는 성인의 걸음보다 약3배 정도 빠른 속도라고 한다. 따라서 꼭 밀물과 썰물 때를 확인해서 물이 들기 1시간 전까지 나와야 한다. 방심하고 해루질에 집중하다가는 물살에 휩쓸리거나 바다에 빠질 가능성이 있다.

(1) 갯벌 사고 예방 요령

① 구명조끼 및 장화를 착용한다.

② 절대로 혼자 진입로로부터 멀리 떨어진 곳은 출입하지 않는다.

③ 밀물 시간을 확인하고 휴대폰 등에 알람을 설정하여 미리 대응할 수 있도록 한다.

④ 갑자기 안개가 끼면 밀물 시간과는 관계없이 즉시 갯벌에서 나온다.

⑤ 안개가 가득해서 나오는 방향을 잃었다면 갯벌의 물결 무양을 보고 물결자국의 식각방향으로 나와 육지로 빠져나오도록 한다.

⑥ 갯벌에 발이 깊이 빠진 경우 반대방향으로 엎드려 기어 나오며, 옆사람의 도움을 받는다.

⑦ 고립될 위기에 처해있다면 주변에 가장 높은 갯바위에 올라가 119등에 도움을 취한다.

그림 3-18 갯벌 사고 예방 요령

– 네이버검색(2021)해양경찰청(2019)

(2) 갯벌에 발이 빠졌을 때 탈출 요령

① 뒤로 누워서 팔을 벌린다.

② 몸의 하출을 최대한 분산시킨다.

③ 발을 구르며 팔을 밀면서 나온다.

④ 탈출한 뒤, 몸을 뒤집어 엎드린 자세로 기어서 이동한다.

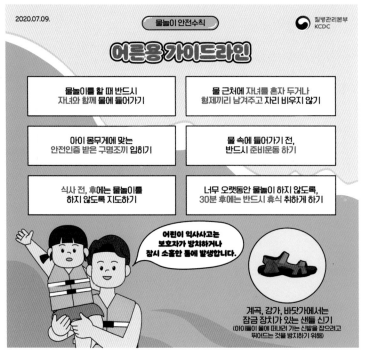

2020.07.09.　　　　물놀이 안전수칙　　　　질병관리본부 KCDC

어린이용 가이드라인

물놀이를 할 때 항상 어른과 같이 물에 들어가기	물놀이를 할 때 반드시 구명조끼 착용하기
물놀이 전 충분한 준비운동 하기	물에 들어가기 전, 심장에서 먼 곳부터 물 적시기
식사를 한 후 바로 물에 들어가지 않기	물놀이를 하면서 사탕이나 껌 등을 씹지 않기
정해진 곳에서만 물놀이 하기	파도가 높거나, 물이 세게 흐르거나, 깊은 곳에서는 수영하지 않기
계곡, 강가, 바닷가에서는 잠금 장치가 있는 샌들 신기	수영장 근처에서 뛰어다니지 않기

2020.07.09.　　　　물놀이 안전수칙　　　　질병관리본부 KCDC

장소별 안전수칙

바닷가나 강가에서	수영장에서
물의 깊이는 배꼽 정도가 적당	수영장 바닥을 미끄러우므로 뛰어다니지 않도록 지도하기
물건이나 신발이 떠내려 가면 반드시 어른에게 도움을 청하도록 지도하기	사탕이나 껌을 입에 넣고 수영하지 않도록 하기
물살이나 파도를 확인 후 입수, 물살이 세거나 파도가 높으면 입수 자제	아동전용 풀장 이용하기
수영금지 지역에서는 물놀이 하지 않도록 지도하기	물에 빠뜨리는 장난을 하지 않도록 지도하기

물놀이 안전 O/X 퀴즈

1. 물에는 어른과 함께 들어가는 것이 안전하다.   [   ]

2. 가슴높이의 물에서 물놀이하는 것이 안전하다.   [   ]

4. 물에 들어가기 전에 얼굴, 사슴, 손, 다리, 발의 순서로 물을 바르는 것이 안전하다.   [   ]

4. 다이빙은 높은 곳에서 하는 것이 안전하다.   [   ]

5. 파도가 높거나 물살이 센 곳에서 수용하는 것은 위험하다.   [   ]

6. 깨진 유리나 날카로운 돌이 있을 수 있는 강이나 바닷가에서는 슬리퍼를 신는 것이 안전하다.   [   ]

7. 물 속으로 다른 사람을 미는 것은 위험하다.   [   ]

8. 물에 들어가기 전에는 배가 고프지 않도록 밥을 먹는 것이 안전하다.
                                                    [   ]

9. 물에 빠진 사람을 보았을 때에는 같이 물에 뛰어들어 구하는 것보다 어른들에게 알리는 것이 안전하다.   [   ]

10. 수영장이나 샤워장에서는 걸어 다니는 것이 안전하다.   [   ]

☑ 나의 물놀이 안전점수는? (O는 1점, X는 0점)
- 8~10점: 언제든지 즐겁게 물놀이를 할 수 있어요.
- 6~8점: 물놀이를 하려면 좀 더 준비가 필요해요.
- 0~5점: 물놀이 절대 안돼요!! 물놀이 안전에 대해 다시 공부하세요.

부모용 물놀이 안전가이드라인 주요 내용

물놀이 사고로부터 우리 자녀를 지키기 위해 부모로서 해야 할 일은 무엇이고 자녀에게 어떻게 안전을 지도해야 하는지 부모 물놀이 안전 수칙에 대한 숙지는 매우 중요하다.

(1) 어린이 익사 사고는 보호자가 방치하거나 잠시 소홀한 틈에 발생합니다.

① 물놀이를 할 때는 반드시 자녀와 함께 물에 들어가세요. 자칫 심각한 위험에 빠지거나 물놀이 중 마주칠 수 있는 위험상황에서 빠르게 대처하기 위해 함께 들어가는 것이 안전합니다.

② 물 근처에 자녀를 혼자 두거나 형제끼리 남겨두고 자리를 비우지 마세요.

③ 물놀이 할 때는 아이 몸무게에 맞는 안전인증 받은 구명조끼를 입혀주세요.

④ 물 속에 들어가기 전에는 반드시 준비운동을 하세요.

⑤ 식사 전,후에는 물놀이를 하지 않도록 지도하세요.

⑥ 너무 오랫동안 물놀이를 하지 않도록 해주세요.

⑦ 물놀이 30분 후에는 반드시 휴식을 취할 수 있도록 해주세요.

(2) 계곡이나 강가, 바닷가에서는 잠금장치가 있는 신발을 신겨주세요.

계곡이나 바닷가에서 슬리퍼를 신으면 신발이 벗겨져 물에 떠내려 갈 수 있습니다. 이러한 상황에서 아이들은 신발을 잡으려고 물에 뛰어들어 사고가 날 수 있습니다.

부록

수영 시설 사용 안전 수칙

■ 수영 활동 전
1. 수영복을 착용하기 전에 반드시 샤워를 하세요.
2. 음주자는 수영장 사용을 금지합니다.
3. 수영조 주변 통로(FLOW)에서는 뛰지 마세요.
4. 수상안전요원 또는 수영지도자가 없을 때는 수영조(Pool)에 들어가지 마세요.
5. 준비운동을 충분하게 하세요.
6. 수영조(POOL)에 들어가기 전에 손, 발, 얼굴, 가슴 순으로 물을 적시세요.
7. 수영조(POOL)에 다이빙하거나 뛰어 들어가지 마세요.
8. 심신이 안 좋거나 지병이 있는 사람은 반드시 수상안전요원 또는 수영지도자와 상담하여 승인 후 수영활동을 해야 합니다.

■ 수영 활동 중
1. 수영 중 항상 수상안전요원과 수상 또는 자신의 위치를 확인하세요.
2. 수영 중 심신 이상 발견 시 수영 활동을 멈추고 수영조(POOL)에서 나와서 수상안전요원 또는 수영지도자에게 도움을 구하세요.
3. 수영 중 주변 타인의 행동에 주의하여 충동을 예방하세요.

■ 수영 활동 후
1. 충분한 정리운동을 하세요.
2. 심신의 이상을 확인하고 이상 발견 시에는 수상안전요원 또는 수영지도자에게 도움을 청하세요.
3. 수영 활동 후 과도한 사우나 또는 열탕의 사용은 위험할 수 있습니다.

■ 수영장 사용 시 특약(동의) 사항
1. 수영장 사용자 안전을 위하여 수상안전요원 및 수영 강사는 안전 수영 행위를 요구할 수 있으며, 이를 거부할 때는 모든 이의 안전을 위하여 퇴장시킬 수 있습니다.
2. 우리 수영장은 응급구조 상황 발생 시 의식이 없거나 보호자가 없는 아동, 자기 판단력 부적격자로 판단되는 사람 등에 대하여 묵시적 동의를 적용하여 별다른 동의 절차 없이 응급구조 행위를 실시합니다.
3. 화재 및 재난 시, 안전요원의 지시를 받아 비상대피 통로 대피합니다.

○○○수영장 문의사항 : 00)0000-0000

수영장 안전요원 안전 근무 체크리스트(2018)

구분	세부내용	확인
개인 사항	1. 안전 근무 활동 전·후에 심신 이상을 체크한다.	
	2. 유효한 직무 관련 자격 또는 이수 증서를 보유하였다.	
	3. 직무와 관련한 응급처치 및 기구 사용 능력을 숙지하였다.	
행정 사항	4. 회사 근무 규정(지침)을 숙지하고 있다.	
	5. 근무 전 근무 명령(변경 포함)서를 확인하였다.	
	6. 근무 전 책임 구역과 임무를 숙지하고 있다.	
	7. 보고체계, 비상연락망을 숙지하고 있다.	
근무 사항	8. 감시탑 근무 10분전 수영장내 시설물, 설치물, 응급 구조 활동에 필요한 물품에 대하여 기본 점검 활동을 실시한다.	
	9. 근무교대 시 이전 근무자로부터 이상 유무를 인수 받는다.	
	10. 감시탑에서 근무를 실시함을 원칙으로 한다.	
	11. 감시탑 근무 중 수면(가면 포함), 휴대폰의 사용, 잡담 등의 안전 근무 위반 행위를 하지 않는다.	
	12. 감시탑 근무 중 지속적인 안전 탐색 시선을 활용하여 감시 활동을 한다.	
	13. 수영장 사용자의 안전수칙 준수 활동을 위한 안내를 실시한다.	
	14. 근무교대 시 이후 근무자에게 이상 유무에 대하여 인계한다.	
	15. 근무 종료 후, 퇴장 시 시설물에 대한 기본 점검 활동을 실시한다.	
사고 및 보고사항	16. 안전사고 등 위기 상황 발생시 3c 원칙에 의거하여 상황 확인·보고 및 도움 요청·구조 및 응급처치를 신속하게 실시한다.	
	17. 긴급 상황 시, 선 조치, 후 보고를 실시한다.	
	18. 근무 중 발선되이진 이상 사항 또는 사고 사항에 대하여는 반드시 일지 및 사고 보고서를 통하여 문서를 보고한다.	

구분	세부내용	확인
개인 사항	1. 강습 활동 전·후에 심신 이상을 체크한다.	
	2. 유효한 직무 관련 자격 또는 이수 증서를 보유하였다.	
	3. 직무와 관련한 응급처치 및 기구 사용 능력을 숙지하였다.	
행정 사항	4. 회사 근무 규정(지침)을 숙지하고 있다.	
	5. 근무 전 근무 명령(변경 포함)서를 확인하였다.	
	6. 강습 구역, 시설 및 설치물, 강습 대상자 정보를 숙지하고 있다.	
	7. 보고체계, 비상연락망을 숙지하고 있다.	
강습 사항	8. 강습 5분전 강습 구역 시설물, 설치물, 강습 활동에 필요한 교보재 등에 대하여 기본 점검 활동을 실시한다.	
	9. 강습 전 강습생의 심신 상태를 확인한다.	
	10. 강습 전 적절한 준비운동을 실시한다.	
	11. 강습 전 강습 내용과 이에 따른 위험 사항을 고지한다.	
	12. 강습 중 사고(재난) 상황 발생 시 행동 요령에 대하여 고지한다.	
	13. 강습 중 안전지도활동을 실시한다.	
	14. 강습 종료 후 적절한 정리운동을 실시한다.	
	15. 강습 종료 후 강습자의 심신 상태를 확인한다.	
	16. 강습 종료 후 모든 강의자의 수영장내 퇴장을 확인한다.	
사고 및 보고사항	17. 안전사고 등 위기 상황 발생시 3c 원칙에 의거하여 상황 확인·보고 및 도움 요청·구조 및 응급처치를 신속하게 실시한다.	
	18. 긴급 상황 시 선 조치, 후 보고를 실시한다.	
	19. 강습 중 발견되어진 이상 사항 또는 사고 사항에 대하여는 반드시 일지 및 사고 보고서를 통하여 문서를 보고한다.	

사 고 보 고 서 (앞)

사고자	성명	생년월일	성별	참가프로그램명
	주소		연락처	보호자 / 연락처
				/
첫 발결자 및 증인(동반인)	성명1	연락처1	성명2	연락처2
응급처치자	성명	생년월일	성별	연락처
	경력		자격사항	고용형태

사고 및 조치내용

사고 일시	20 년 월 일 시 분		
사고 장소1			
구 분	시간	세부 내용	비고
사고접수 / 발견	:		
사고자상태파악	:		
구조요청 / 조치	:		
후송	:		
보호자연락	:		
사고 / 조치보고	:		
상황보고1	:		
사고시 현장 정보			
건의 사항			
보고	200 년 월 일 보고자 : 직책 및 직급 성명(인)		

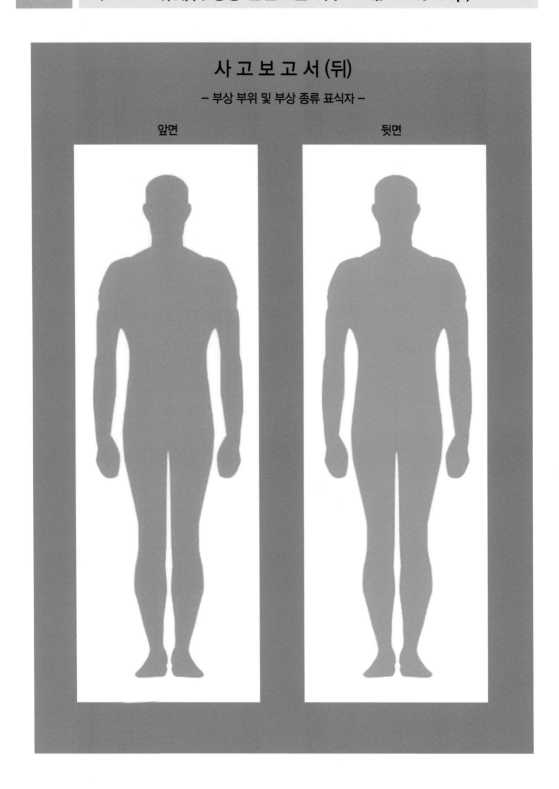

사 고 보 고 서 (뒤)

– 부상 부위 및 부상 종류 표식자 –

앞면   뒷면

참고문헌

- 교육부(2018). 수상구조NCS학습모듈(LM0502010312_16v1). 한국직업능력개발원.
- 국가법령정보센터(2019). www.law.go.kr, 수상구조법 2019. 2월 22일 검색.
- 김준승(2017). 초등학교 생존수영 교육의 분석을 통한 개선방안 연구-포커스 그룹 연구방법을 중심으로-. 미간행 석사학위논문, 단국대학교 교육대학원.
- 네이버검색(2021.05.21.). 너울성 파도. https://search.naver.com/search.naver?sm=tab_hty.top&where=image&query=%EB%84%88%EC%9A%B8%EC%84%B1+%ED%8C%8C%EB%8F%84&oquery=%EC%86%8D%EC%B4%88%ED%95%B4%EC%88%98%EC%9A%95%EC%9E%A5&tqi=h6kQsdp0Yidssfb5STCssssstKZ-192193
- 네이버검색(2021.05.21.). 속초해수욕장. https://search.naver.com/search.naver?where=image&sm=tab_jum&query=%EC%86%8D%EC%B4%88%ED%95%B4%EC%88%98%EC%9A%95%EC%9E%A5.
- 네이버검색(2021.05.21.). 해운대해수욕장의 이안류 상황. https://search.naver.com/search.naver?sm=tab_hty.top&where=image&query=%EC%9D%B4%EC%95%88%EB%A5%98&oquery=%EB%84%88%EC%9A%B8%EC%84%B1+%ED%8C%8C%EB%8F%84&tqi=h6kQEsp0J1ZssgGs%2BSGssssstrK-378258
- 대한민국 정책브리핑(2019.05.24.). 해양안전사고 상황별 대처법...어떻게?. https://www.korea.kr/news/policyNewsView.do?newsId=148861091
- 대한민국정책브리핑(2019). 해양안전사고 상황별 대처법...어떻게?. https://www.korea.kr/news/top50View.do?newsId=148861091&cateId=subject
- 서울신문(2010). 동해안도 '이안류' 비상. https://news.naver.com/main/read.nhn?oid=081&aid=0002103866
- 신은호(2016). 익사사고 예방을 위한 안전수영교육의 효과성 연구. 미간행 석사학위논문, 연세대학교 공학대학원.
- 유동균(2017). 수상구조사. 서울: ㈜시대고시.
- 유동균, 김종걸, 윤성현(2018). 수상구조사 국가자격 설립목적과 수상안전연구 고찰. 한국스포츠학회.
- 유동균, 정수봉(2018). 선진국 생존수영 구성요인 분석을 통한 국내 생존수영 교육 프로그램 도입 방안. 한국스포츠학회.
- 윤성현, 박주상, 김경락(2018). 해양경찰학개론. 서울: ㈜박영사.
- 조형민(2015). 한국과 일본의 생존수영 교육에 관한 비교 연구. 미간행 석사학위논문, 동국대학교 교육대학원.
- 질병관리본부(2018.07.17.). 어린이 물놀이 안전가이드라인. http://www.kdca.go.kr/gallery.es?mid=a20503020000&bid=0003&act=view&list_no=136633
- 질병관리본부(2019.06.20.). 여름철 물놀이 사고, 안전예방 수칙 준수 필수!. http://www.kdca.go.kr/board/board.es?mid=a20501010000&bid=0015&act=view&list_no=144244
- 질병관리본부(2019.06.28.). 함께 떠나요 물놀이하러! 물놀이 준비물과 안전수칙 살펴보기. http://www.kdca.go.kr/gallery.es?mid=a20503010000&bid=0002&act=view&list_no=144361
- 질병관리본부(2020). 2019 응급실 손상환자 심층조사. https://www.kdca.go.kr/contents.es?mid=a20303010600
- 질병관리본부(2020). 여름철 물놀이 사고에 주의 하세요!. http://www.mohw.go.kr/react/al/sal0301vw.jsp?PAR_MENU_ID=04&MENU_ID=0403&CONT_SEQ=355329
- 해양경찰청(2019). 2019 해양조난사고 통계연보. http://www.kcg.go.kr/kcg/main.do

책을 마무리하며

수상안전의 범위는 우리가 생각하는 것 보다 광범위하다.

세월호 사건 이후 아직도 수많은 수상안전 사고가 발생하고 있다.

따라서 여러 수상안전 관련 현장상황과 역할에 따라서 나누어진

국가기관 및 민간단체들이 각자의 이해관계를 뛰어넘어

인명을 보호하고, 구조 한다는 사명감을 가지고

수상안전과 생존수영을 연구하며 서로 협력하길 바랍니다.

앞으로 수상안전을 전문적으로 연구하는 국립 연구기관이

설립되기를 기원합니다.

2022년 6월 18일

저자 일동